Sayers y Viney

Las malas noticias del horóscopo

El libro de astrología que le cuenta la espantosa verdad

Traducción y adaptación:
Blanca Peral

Para que veas que no eres la única capaz de regalar libros de los que nadie ha oído hablar jamás.

[illegible]

Colección
EL PAPAGAYO
— 10 —

MADRID
18-IV-91

SAYERS Y VINEY

LAS MALAS NOTICIAS DEL HOROSCOPO

El libro de astrología que le cuenta la espantosa verdad

EL PAPAGAYO
EDICIONES TEMAS DE HOY

Primera edición: noviembre de 1988
Segunda edición: enero de 1989
Tercera edición: junio de 1989
Cuarta edición: febrero de 1990
Quinta edición: febrero de 1991

Colección EL PAPAGAYO

Diseño de cubierta: Wunderman

Paseo de la Castellana, 93. 28046 Madrid
Primera edición original: Grafton Books, 1985
Título original: *The bad news Zodiac*
ISBN: 84-86675-57-X
Depósito legal: M. 4.881-1991
Compuesto en Fernández Ciudad, S. L.
Impreso en Grefol, S. A.
Printed in Spain - Impreso en España

INDICE

A
Becky y Tom,
con nuestro agradecimiento a
Madeleine

Si hojea perezosamente las páginas de este suntuoso libro y se siente algo deprimido —incluso hundido— por las sorprendentes revelaciones que contiene sobre su carácter, quizá se pregunte usted a qué signo del Zodíaco pertenecen sus autores.

En realidad, entre la multitud de sorprendentes descubrimientos astrológicos realizados a lo largo de más de cuarenta años de incansables investigaciones, los estudiosos Viney y Sayers han encontrado pruebas irrefutables de que son las dos únicas personas de la Tierra que no han nacido bajo ningún signo.

Introducción

Hoy en día, todos leemos en las estrellas, todos manejamos nuestro signo del Zodíaco y todos nos sabemos al dedillo nuestras presuntas características astrales. Nos encanta creer lo que nos cuentan Karin Silveyra, Rappel, el marqués de Araciel y otros astrólogos de pro: que somos personas con un éxito, con un carisma, con una creatividad y —¡faltaría más!— con un atractivo que se salen de lo corriente.

Pero usted comprenderá que no todos vamos a tener éxito, carisma, creatividad y atractivo. Le guste o no, reconocerá que hay poca gente así. La cruda realidad es que el mundo está lleno de personas sumamente aburridas, considerablemente mediocres y tremendamente *poco* atractivas.

Piense, piense en toda la gente a la que conoce (colegas, jefes, parientes, amigos y —por qué no decirlo— en *sí mismo*): todos tienen signo del Zodíaco, y todos tienen también varios defectos graves. Algo hay en la astrología que no funciona. En lo más hondo de su corazón, usted siempre supo que era demasiado bonito para ser verdad. Pero ¿podrá usted soportar toda la verdad sobre sí mismo y sobre los demás? ¿Tendrá usted valor para leer *Las malas noticias del horóscopo*?

ARIES

Aries

21 de marzo-20 de abril

«¿Quién me ha robado las gachas?»
Ricitos de Oro y los tres ositos.

Aries es el signo del carnero: fuerte, incluso un poco tozudo, leal, dinámico, carismático, intrépido y seguro de sí mismo. Algo idealista tal vez, pero sin duda destinado al triunfo.

A poco que conozca usted algún Aries, hombre o mujer, ya sabrá que no hay nada más falso que este mito criminal, perpetuado a lo largo de los siglos por charlatanes más ansiosos de halagar que de decir la verdad. Porque la verdad sobre los Aries es muy poco agradable.

La verdad es que Marte ocupa una posición zodiacal muy fuerte en el tema de Aries y, al parecer, asusta tanto al niño Aries cuando nace que éste nunca consigue hacerse adulto. Cierto es que los Aries son muy voluntariosos, pero de la forma más inmadura que se pueda imaginar. No saben pensar más que en sí mismos y en la satisfacción inmediata de sus mezquinos deseos. Y se puede perdonar a un niño que sea infantil, pero cuesta más aceptar que una mujer o un hombre hecho y derecho se comporten como recién nacidos. Los Aries siempre quieren y nunca dan. Se cogen rabietas y se ponen de mal humor; mienten y roban con patética transparencia, y luego lo niegan por la cabeza de su madre. Se pasan el día comiendo golosinas y les encanta decir palabrotas delante de las personas mayores. Mimados en su juventud (y más si sus padres son Piscis), no llegan a madurar nunca.

La mayoría de los Aries sólo están dotados para ir a engrosar las filas de los perdedores. Muy de vez en cuando, alguno hace algo que mantiene vivo el mito de su voluntad de triunfar. En efecto, como todos los niños, los Aries tienen que ser los protagonistas y tratan de arreglárselas para que no les mangoneen. Y, a veces, a pesar de su casi total falta de capacidad, las estrellas se confabulan para cumplir esa aspiración suya. Los Aries suelen tener éxito en cualquier trabajo que exija pasearse en descapotable, comer en restaurantes caros, saber rodearse de «pelotas» y no tener que realizar ningún trabajo de verdad...; en una palabra, son excelentes estrellas de cine, figuras de televisión y directores gerentes. Esos raros Aries siempre son objeto de un odio realmente profundo y merecido, si bien hay que decir que los Aries fracasados, más numerosos, tampoco gozan de muchas más simpatías.

En resumen, los Aries nunca se deciden a aceptar la complejidad y la sofisticación de la vida moderna.

Ellos prefieren dejar esas cosas para los de *Canción triste de Hill Street*. Las demás personas, más corrientes, tienen que buscarse la vida solas. No les hace ninguna falta buscársela con un Aries a sus costillas.

EL HOMBRE ARIES

Al hombre Aries (si se nos permite usar términos tan contradictorios) le encantan los juguetes, y quien quiera apartarle de su juego de Lego puede prepararse para una buena rabieta. Le encanta jugar con los demás, pero es tan mal perdedor que pocas personas juegan con él más de una vez. No tiene paciencia para aprender a hacer nada bien. Aunque le vea que llega a trabajar en ultraligero, no se fíe de su intrepidez: el varón Aries no se marcha de casa de sus padres hasta después de cumplir los treinta, y sólo se va para casarse con una mujer lo más parecida posible a su madre. Esa pobre desgraciada se encontrará muy pronto a la cabeza de una familia en la que el padre es el peor niño de todos.

En efecto, a pesar de su natural afinidad con los niños, el hombre Aries es un padre fatal: envidioso, competitivo y cruel con sus propios hijos. Sólo un padre Aries es capaz de levantarse a abrir los regalos antes que los niños el día de Reyes. Y cuando su hijito de tres años desenvuelve un flamante balón de reglamento, papá empieza a mirarlo de reojo y anima a la criatura a echar un partido en el jardín cubierto por la nieve. En cuanto lo consigue, coloca al sorprendido chavalín en la portería y se pone a pasar delante de él con el balón durante horas y horas de frío helador, sin detenerse más que para recibir el imaginario aplauso de la muchedumbre del Bernabéu.

Los hombres Aries echan tripa desde muy jóvenes. Les cuesta pasar de largo por delante de las cervecerías y de las pastelerías. Además, les encantan los bolígrafos con reloj digital incorporado. En cuanto hacen el más mínimo esfuerzo, exigen halagos constantes. Como amigos son inútiles, y como novios un verdadero desastre. Son objeto de un desprecio universal.

LA MUJER ARIES

La mujer Aries es una auténtica oveja. En todas las cuestiones mundanas y de elegancia sigue al rebaño. En todo lo demás, sigue exclusivamente su capricho sin pensar ni un segundo en el prójimo.

Al igual que su homólogo masculino, la mujer Aries se siente en su elemento en los entornos infantiles, y cuando por fin llega el día de marcharse de casa de sus padres, se va con una formidable colección de osos de peluche, muñecas y libros de cuentos.

A medida que se hace mayor (ya que nunca se hace *adulta*) empiezan a gustarle nuevos juguetes —collares de diamantes, frigoríficos gigantes con máquina de hielo, abrigos de pieles, casas de campo y Mercedes descapotables, por ejemplo— y se pone a buscar un hombre del tipo paternal que se los pueda dar. Mientras el viejo imbécil romántico esté dispuesto a pagar, todo les irá de perlas. Pero cuando decida que ya le duele la muñeca de tanto firmar cheques, puede prepararse para presenciar una pataleta de proporciones inusitadas. Una mujer Aries contrariada no es un espectáculo agradable.

En los pocos casos en que Saturno pasa de refilón por su carta astral, la mujer Aries consigue una posición de alguna importancia, pero, en general, se puede decir que la hembra del carnero es bastante inútil. Es frecuente, por ejemplo, que se pasen horas buscando una botella de gaseosa por toda la cocina, que suelen tener hecha un maremágnum de ropa sucia y de chocolatinas mordisqueadas.

Como madre es una catástrofe de la misma magnitud que el hombre Aries como padre. La madre Aries empieza por robarle las muñecas a su hija, y luego intenta robarle los ligues. Más de una se pone a bailar voluptuosamente en la fiesta del dieciséis cumpleaños de su hija, y luego sopla todas las velas de la tarta.

En conjunto, casi todo lo que hay que contar de la mujer Aries son malas noticias.

ARIES Y EL SEXO

El hombre

Cuando un hombre Aries la invite a su dúplex para «jugar a algo y hacer unas risas», a lo mejor no hace muchas risas, pero jugar, seguro que juega: el piso de arriba estará lleno de Madelman, Scalextric, rompecabezas y trajes de la guerra de las galaxias. No sería usted la primera en creerse que la idea de un hombre Aries de que se disfrace de vaquera es el preludio de una diversión «caliente», para descubrir después que sí que lo era, pero en otro sentido, cuando se encuentre atada a un poste en el jardín y rodeada por las llamas de una hoguera de tamaño natural.

Si a pesar de todo consigue usted apartar a un hombre Aries de sus soldaditos de plomo el tiempo suficiente para llevárselo a la cama, no se crea que allí han terminado sus problemas. Es posible que se empeñe en ponerse el pijama del Llanero Solitario y que se le ocurra sacar el Monopoly en los momentos más extraños. Una encuesta practicada en 1978 reveló que cerca del 90 por 100 de los hombres Aries conservan una fijación mamaria durante toda su vida, y que muy pocos menos consienten en irse a la cama si no les dejan una luz encendida en el pasillo. Los hombres Aries rezan por su osito de peluche y por sus futbolistas preferidos antes de meterse en la cama. Babean la almohada y lloran cuando tienen pesadillas. Francamente, si planea usted convertirse en novia de un Aries, le resultará mucho más útil el *Manual de la perfecta niñera* que el *Kama Sutra* y, a menos que le vaya la relación totalmente maternal con un hombre, huya de él como de la peste.

La mujer

Las mujeres Aries, así tengan veinticinco años de edad, se dejan ver por los hombres repanchingadas delante de la tele, con su batita de lana de los Pirineos y un tazón de Colacao en las manos, ensimismadas por *Los mundos de Yupi.* A esos hombres se les ocurren ideas muy creativas de lo que harían con ellas si pudieran pillarlas a solas. Pero... ¡menudo chasco! Porque la mujer Aries no es la dócil niñita que parece, sino una pequeña intrigante interesada y malévola. Por lo general, sólo hay una forma de evitar malas caras y pucheros, y no tiene nada que ver con las proezas físicas: más bien tiene que ver con los Rolex de oro. Entonces, y sólo entonces, cabe la posibilidad de tener un atisbo de sus favores.

En resumen, la mujer Aries está hecha casi exclusivamente para las atenciones de una clase muy particular de libertino:

Si tiene usted

a) al menos veinte años más que ella,
b) disposición para cubrirla constantemente de regalos y alhajas,
c) disposición para ponerse gorritos de papel y pedir a los camareros que traigan una piñata en vez de licores, y
d) disposición para dar de comer a su chica con cuchara,

tal vez sea usted el tipo de hombre al que le van las relaciones sexuales con una mujer Aries. Cualquier otra persona se limitará a celebrar sinceramente haberse perdido semejante experiencia.

EL CONDUCTOR ARIES

Los Aries son pésimos conductores. Algunos de ellos se niegan a pasar de los cochecitos de pedales y arman unos líos horrorosos en la carretera. Si se les mete en un coche de verdad, siguen haciendo *brum, brum* en cuanto agarran el volante. Juegan a ser policías americanos con un micrófono en una mano y una pistola de juguete en la otra. Esa costumbre puede causar —y causa— accidentes graves. Cuando tienen coches buenos, los pintan de colorado y blanco como el de *Starsky y Hutch,* o se los compran negros y los adornan con muchas lucecitas para que sean iguales que *El coche fantástico.*

Luego, por supuesto, tienen que salir a *hacer la gracia.* Nunca caen en la cuenta de que sus héroes favoritos usan dobles y especialistas. Tras detenerse breves instantes para ponerse el traje de Batman, salen raudos a hacer volar el coche por encima del acantilado más cercano para perseguir a malvados espías extranjeros o peligrosos criminales.

Si usted conduce, es posible que lo último que vea en esta vida sea un Aries que se le viene encima como caído del cielo, con la ametralladora del Equipo A en una mano y una espada de *La guerra de las galaxias* en la otra, y lo último que oiga, por encima del rugido del motor a 10.000 revoluciones, una cinta de Espinete en la radio del coche que se precipita hacia usted. Suficiente para que un buen Virgo no vuelva a salir de su casa.

ARIES Y LA ROPA

El hombre

La verdad es que la vieja broma de Aries con sus pañales no es pura exageración. En los barrios residenciales, algunos Aries se pasan la tarde del domingo vestidos únicamente con unos Dodotis gigantes y entretenidos con un biberón de *gin-tonic* en su mansión con calefacción central. También los hay que se la pasan vestidos de boy-scout y entretenidos con sus trenes eléctricos.

Desde luego, éstos son casos graves —como el de aquel Aries que entró en el hospital y trató de hacer girar en redondo la cabeza de la enfermera, convencido de que se trataba de una enorme muñeca Barbie— y, por lo general, hay que fijarse un poco para reconocer a un Aries por la calle.

¿Qué indicios debe usted buscar? Ropa práctica para empezar. A los Aries les gusta que su madre les compre la ropa: zapatos Camper (de preferencia con una brújula escondida en un compartimento secreto del tacón), pantalón gris, jersey de cuello en pico y, en invierno, un abrigo calentito con bufanda y guantes a juego.

Los hombres Aries suelen ser una pesadilla para los sastres: no tienen el menor sentido del estilo ni de la clase, y a menudo lo más caro de su guardarropa es el disfraz de James Bond o la sobaquera para pistola desintegradora. Procure que no se la vea en compañía de un hombre Aries fuera de las fiestas de disfraces.

La mujer

A diferencia del hombre Aries, la mujer disfruta con la ropa buena y sabe conseguirla. Durante algún tiempo se la puede engañar con trajecitos para la muñeca Barbie, pero en seguida descubre lo difícil que es vivir sin trajes de cóctel de Armani y sin abrigos de visón hasta el suelo. Ahí es donde entra el hombre del tipo paternal. Las Aries que no tienen ese paciente proveedor (y que, naturalmente, son la gran mayoría) hacen gala de un genio espantoso y contribuyen a la mala reputación de ese signo del Zodíaco.

Así que la mujer Aries no puede pasar sin ropa elegante, pero eso no significa que esté dispuesta a renunciar a sus prendas más queridas. La experiencia de esperar su llegada en un lugar público puede acabar con los nervios de un hombre preocupado por el qué dirán (como es el caso de los Capricornio). O llega con el traje de alta costura más maravilloso del mercado, o con playeras rojas, faldita de tenis y una camiseta muy estrecha de cuando iba al colegio. No cuesta demasiado entender por qué muchos hombres interpretan mal esa forma peculiar de vestir. Pero ojo con lo que los psiquiatras llaman «el síndrome del pantalón de deportes» de Aries... Y si quiere un ejemplo de lo que le puede pasar, léase la sección titulada «Cuando un Aries le invite a cenar».

En conclusión, diremos que la forma de vestir de la mujer Aries es siempre, cuando menos, interesante, lo cual es más de lo que puede decirse de su forma de pensar o de hablar.

LAS COSAS FAVORITAS DE ARIES

Enrique y Ana, Los Brincos, el mosto, Shirley Temple, Jaime Morey, los pitufos, Michael Jackson, *El lobo estepario,* John McEnroe, Disneylandia, Mortadelo, Superman, el Equipo A, el ratón Mickey, los videojuegos de bolsillo, el Capitán Trueno, Mickey Rooney, Espinete, los Reyes Magos de los grandes almacenes, los Vespinos, Parchís, Torrebruno, los potitos, los flotadores, *Hormiguita y Abejita se van de compras,* Fisher-Price, el hijo de Tarzán, Bambi, el Niño de la Capea.

SU GUIA PARA EL AMOR: ARIES

Aries-Aries

Aunque en un principio piense que la combinación de Marte con Marte y de Fuego con Fuego es estupenda —especialmente cuando descubra que su pareja se muere por irse de jugueterías con usted, e incluso por jugar al médico y a la enfermera—, sepa que muy pronto dejarán de ajuntarse. ¿Quién va a guisar? ¿Quién va a hacer algo de provecho? Usted no, desde luego, y su pareja Aries lo mismo.

Aries-Tauro

Por más que Venus sea el planeta dominante de Tauro, es muy improbable que de esta relación salga un amor duradero. No le dé vueltas, ese Tauro que tanto le gusta es demasiado soso y convencional para apreciar su juvenil comportamiento.

Aries-Géminis

Usted creerá que se las arregla como nadie para salirse con la suya, pero los Géminis son auténticos genios a la hora de hacerse con la propiedad ajena. Si posee usted algo más valioso que un oso de peluche, tenga mucho cuidado. El único atractivo que puede tener para un Géminis es su potencial de explotación. ¿Amor? ¡Ni lo sueñe!

Aries-Cáncer

La carta astral indica que esta relación podría tener alguna posibilidad: a usted le entretendría jugar con ese ordenador personal que tanto le gusta a Cáncer, por ejemplo. Pero, en general, su cangrejito del alma no será nunca bastante fuerte para atender sus múltiples y variadas necesidades.

Aries-Leo

El Sol se encuentra con Marte y lo eclipsa. Si algo se puede decir de Leo es que todavía es más egocéntrico que usted, y parece muy improbable que se preocupe lo más mínimo de sus necesidades. Si tiene usted el don de la belleza (y un porcentaje terriblemente alto de los Aries no lo tiene), tal vez le guste a Leo para su lucimiento en alguna fiesta, pero es fácil que ni siquiera se vuelvan juntos después.

Aries-Virgo

Las constelaciones no pueden permitir esa relación. Ya sabemos que le gustaba vivir con sus padres, pero reconocerá que a veces resultaban molestos. Pues bien, será mil veces peor vivir con su Virgo amargándole y chinchándole todo el día. ¡Olvídese de los ganchitos de queso! ¡Olvídese de los bocadillos de Nocilla! Su amada pareja Virgo lo considera de lo más *malsano*.

Aries-Libra

El éxito de esta pareja depende mucho de la influencia marginal de Júpiter en el momento del nacimiento. Los Libra son personas increíblemente indecisas, pero a veces son lo bastante estúpidas para ocuparse de alguien como usted. Sin embargo, si Júpiter está en la otra punta de la carta, pueden decidir (al cabo del tiempo) odiarle todavía más de lo que le odia el común de los mortales.

Aries-Escorpio

Aunque sólo sea en el papel, da cosa juntar estos dos signos. Aries es para Escorpio como la oveja para el lobo. Es probable que una persona tan retorcida y despiadada no haya rezado más de una o dos veces en su cruel vida. Pues esas veces habrá rezado por encontrar a alguien como tú, *pequeño*.

Aries-Sagitario

Cuando Júpiter adelanta a Marte, difícilmente puede recomendarse un idilio. Sagitario es un signo bastante bruto, y en su entusiasmo le machacaría a usted sin enterarse.

Aries-Capricornio

No le dé vueltas, Aries. Capricornio es un cruel arribista social que no sentirá interés por usted ni por sus comiditas de muñecas si no tiene nada que sacarle. Así que le recomendamos mucho cuidado cuando semejante «trepa» se ofrezca a llevarle al zoo o a leerle un cuento antes de dormir. No puede durar.

Aries-Acuario

Lo mire como lo mire, la autosuficiencia nunca será su fuerte, y eso es un problema grave para Acuario. A pesar de todo, la combinación de Aire y Fuego no es demasiado mala y a lo mejor consigue valerse de la debilidad de carácter de Acuario para que se ocupe de usted.

Aries-Piscis

¡El Zodíaco nos ampare! ¿Habrá alguna pareja más desacertada que la de usted con Piscis? Una de las pocas cosas buenas que tiene su carta natal es el elemento dominante del Fuego. En cambio, como era de imaginar, el invertebrado Piscis está regido por el Agua. Cualquier relación afectiva terminará por sí sola en apatía, incapacidad y dejadez pura y simple.

CUANDO UN ARIES LE INVITE A CENAR

La mayoría de los Aries nunca pasa realmente del amor por las natillas y por las demás comidas infantiles que toman en los mejores años de su vida (a saber, los dos primeros). Los helados y la limonada siguen siendo sus grandes favoritos, lo cual pone en más de un apuro a sus amigos y familia. En los medios astrológicos se suele contar la historia de aquel Capricornio elegante, afable y confiado que invitó a cenar a una Aries muy guapa por los motivos que cabe imaginar. Como buen representante de su egoísta signo solar, el Capricornio eligió el menú de los dos. El consomé pasó sin pena ni gloria —la comida fría y algo insípida no era nada extraño para esa belleza rubia hecha a los potitos—, pero la cosa cambió al llegar al solomillo Wellington. La chica pidió al hombre que le partiera la carne. El Capricornio, enloquecido por el potencial de depravación que ofrecía una velada en compañía de una mujer tan maleable (interpretó él) que quería hasta que le dieran la comida, se le abalanzó sin más preliminares y la cubrió de besos. Ante tan inesperado arrebato, la hermosa Aries apuñaló repetidamente a su hipotético amante y se marchó del restaurante llorando y chupándose el dedo.

Esto es, por si le interesa, lo que puede esperar de una fiesta Aries.

Entrada:

Puré de manzanas Tintín (servido con patatas fritas a la inglesa y Casera Cola).

Pescado:

Barritas de pescado congeladas (con catsup).

Plato fuerte:

Puré de patatas, salsa de carne, pasta de sandwich y lentejas (servido con pan de molde y la advertencia de que no se pasará al postre hasta que todos hayan comido un par de cucharadas de lentejas por lo menos).

Postres:

Gelatina de fresas, helado, salsa de chocolate, nata montada.

LAS VACACIONES DE ARIES

Las vacaciones no plantean ningún problema a los (notablemente pocos) Aries ricos. En el aeropuerto, facturan alegremente en el mostrador de «niños sin acompañante», con la tranquilidad de saber que, por una sabrosa cantidad, habrá otra persona que se ocupe de todo.

Para los moradores menos acomodados de esta Primera Casa del Zodíaco, las vacaciones son algo más complicadas. A estas personas les suele gustar bastante el camping. No son pocos los Aries adultos que tienen la costumbre de requisar las tiendas de sus hijos y de dormir en el jardín, para poder hacer fiestas nocturnas y leer números atrasados de *Playboy* con linterna.

Pero también les encantan los campamentos. Aries encuentra relajante tener tantas diversiones simples organizadas para él. Desde luego, sus compañeros de vacaciones deben evitar por todos los medios meterse en conversación con Aries si no quieren que les líe para pasar las semanas siguientes haciendo castillos de arena mientras todos los demás disfrutan los disolutos encantos del bar y de la discoteca.

EL JEFE ARIES

A todas luces, Aries puede ser realmente peligroso en un puesto de jefe. La atención que presta a los demás es mínima, salvo que pretenda sacarles algo: en ese caso, su servilismo y su transparente adulación resultan abrumadores. Básicamente, sólo se les ocurre que los demás tienen una vida propia en la medida en que ésta choque con la de ellos. Un jefe Aries puede obligarle a lavarle el coche, de preferencia con la ropa de usted. También puede salir a comprarse un juego nuevo a la hora de comer, hacerle jugar luego a usted toda la tarde... ¡y Dios se apiade de usted si gana! Cuentan la historia de un jefe Aries que compró una ballesta; oficialmente, era para su hijo, pero, en realidad y como siempre, era para él. Cuando mandó a su secretaria a comprar un kilo de manzanas, ella fue lo bastante lista para adivinar el paso siguiente (había visto varias veces la ópera *Guillermo Tell* con un amigo Leo), y desapareció para siempre. El jefe tuvo que contentarse con disparar a las palomas desde la ventana de su despacho.

Hay que necesitar muchísimo un trabajo para trabajar con un jefe Aries.

EL EMPLEADO ARIES

A nadie le gusta trabajar con un Aries. En contadísimas ocasiones el empleado Aries consigue hacer carrera en una empresa a base de rabietas, malas caras y traiciones infantiles, pero lo más corriente es que los Aries sean perfectos desastres, especialmente en las fábricas de juguetes y de helados. No se puede confiar en que hagan nada solos, y hay que vigilarlos hasta cuando cruzan la calle o van al cuarto de baño. Como sólo les interesa su persona, tampoco valen para el trabajo en equipo. La mayoría de los jefes acaba descubriendo que el sufrimiento físico es lo único a lo que responden los Aries, pero el auge del poder sindical y el fortalecimiento de la legislación laboral han dificultado cada vez más el uso del latigazo y del electroshock como instrumentos de gestión, con lo cual, paradójicamente, han conseguido que sea casi imposible aguantar a los empleados Aries.

EL DIARIO DE SU CICLO SOLAR: ARIES

21 de marzo-20 de abril

21 de marzo

Primer día de su ciclo solar. Como Marte está alto en la constelación y no hay más interferencias planetarias, usted decide volcarse el desayuno en la cabeza para hacer unas risas. Antes de vestirse para ir a trabajar, su pareja le da una buena azotaina. Usted se da cuenta de que lo disfruta con cierta perversión. De camino a la oficina se va quitando la papilla del pelo y se entretiene hojeando *Mi primer abecedario.*

22 de marzo

Marte descendente y Virgo desenfrenada en ascendente le vaticinan problemas financieros. Se le olvida ir a trabajar y se pasa todo el día sacudiendo su huchita.

23 de marzo

Las estrellas se alborotan y todos los elementos conspiran en su contra. Usted prefiere no meterse en el Metro y se va a trabajar en su cochecito Fisher-Price de plástico. Mientras aparca, saluda al director general. Este parece sorprendido y enfadado, y rechaza su propuesta de pasar juntos la hora de la comida en el tiovivo del parque de al lado. Más tarde le llama a su despacho y le dice que ha quedado libre un puesto interesante, de director de abastecimiento de grapas en el Departamento de Galletas. ¿Le interesaría a usted? Le pide que se lo piense.

28 de marzo

Ultimamente sus estrellas y su vida están muy variables. El Departamento de Galletas tiene sus ventajas —las pastas de chocolate están deliciosas—, pero echa de menos la vida apasionante que llevaba en Expedición de Condimentos.

30 de marzo

Le espera un duro fin de semana explicándole a su pareja que acaba de darse cuenta de que, además de cambiarle de puesto, también le han cambiado el sueldo, curiosamente a una cantidad de menos cifras. Su explicación de que con menos cifras «será más fácil hacer números» no se encuentra con una aprobación total.

4 de abril

El paso de Júpiter, Neptuno y Marte por sus propias constelaciones en las próximas semanas tiene un significado trascendente: cambios drásticos, *a)* en su vida laboral; *b)* en su vida personal.

5 de abril

En la empresa se produce una reestructuración total. A usted le dan el puesto recién creado de ayudante de limpiador de alfombras, División Ejecutiva. El director financiero le dice que su sueldo se ha «redondeado» a la manejable cantidad de 10.000 pesetas al año con un subsidio mensual para Smarties de 100 pesetas. Usted se agarra una rabieta y le dice que le gustan mucho más las Juanolas. Esa noche su pareja está francamente seca con usted a la hora de arroparle en la cama.

9 de abril

Actividad intergaláctica en gran escala. Sea muy prudente y prepárese a vivir cambios domésticos.

14 de abril

Su pareja le dice que está harta de cambiarle los pañales a un adulto. Además, no piensa volver nunca al Safari Park. También está hasta el gorro de pasearle en cochecito. Entre risas, le dice que no quiere volver a verle... nunca más.

20 de abril

El último día de su ciclo solar, y muy probablemente su último día a secas. Como no sabe hacerse la comida —ni abrir una lata siquiera—, tiene ya muchísima hambre y le escuece una barbaridad el culito por el tiempo que lleva sin cambiarse el pañal.

GRA
IESTA
TAURUSMER
TAURUS ME
60
TAURUSME
RUS MER
URUS MERME
TAURUS ME
60
AURUSMERME

Tauro

21 de abril-21 de mayo

«Entre los cuernos hay un espacio.»
Antiguo dicho cretense.

Se dice que los Tauro son personas decididas, tranquilas y obstinadas, con un concepto serio de la vida. El hombre Tauro ideal es piloto civil, empleado de banca o ginecólogo: se puede confiar en que cumplirá con su obligación, sin salirse de lo que mande el reglamento. En cuanto a la mujer Tauro, tiene la reputación de ser muy maternal: su valentía le hace resolver los problemas de la vida diaria a base de bondad y de altruismo.

Santo y bueno, dicen todos, santo y bueno; pero habría que decir también que los Tauro son las personas más convencionales y más aburridas de toda la constelación. La pesadez y la falta de alicientes de estos individuos superan cualquier descripción. Sin embargo, en su carácter existe una veta importante de frustración (recuerde que tanto Plutón como Saturno atravesaron su carta natal): los Tauro envidian en secreto a la gente que lleva una vida espectacular y apasionante. El exótico y depravado Escorpio, el criminal Géminis, el mundano y esnob Capricornio son los ídolos de Tauro. Esa frustración por la falta de aventura y de libertad personal de su propia vida se manifiesta de vez en cuando en ataques de ira descontrolada. Tauro es un signo de Tierra fijo negativo. Muy negativo.

EL HOMBRE TAURO

Si a los cinco minutos de conocer a un hombre lo clasifica usted entre los grandes pelmazos de la historia, seguro que es un Tauro. El hombre Tauro es de una presunción irritante, nacida de los decenios que lleva viviendo en barrios residenciales, gastando zapatos Lotus y leyendo el *ABC*. En cuestión de segundos se pondrá a explicarle cómo debería llevar la política económica el señor González, por qué hay demasiados gitanos en Andalucía y cómo están los *greens* en su club de golf. Los hombres Tauro no tienen estilo ni interés por nadie que no sea ellos mismos. Un alto porcentaje de los hombres del tiempo y de los profesores de autoescuela son Tauro, al igual que los ujieres de los juzgados.

Ese barbudo con tripita y mechero chapado de oro que suelta un discurso en el bar sobre las cortezas de cerdo y el vino de verdad es Tauro casi seguro. Con frecuencia, los clientes del bar acaban tan hartos de él que lo usan de mesa para jugar al dominó; pero el hombre Tauro no se arredra por semejante menudencia: es tan presuntuoso y está tan seguro de que es el alma de la fiesta que no siente siquiera los golpes de las fichas.

LA MUJER TAURO

Hay dos tipos de mujer Tauro. El primero es el tipo «Madre Tierra»: una figura gigantesca semejante a un buey, que frecuenta animosa los seminarios sobre el Parto Natural y otros lugares parecidos. El otro tipo es el de la sana latifundista, partidaria de las fiestas al aire libre, de los perros y de la elaboración de mermeladas. Esta última suele llevar zapato cómodo y ropa de telas fuertes y nada femeninas.

Su planeta dominante es Venus, de donde se desprende que la mujer Tauro siente un apetito voraz por los hombres pequeños (aviso a los Piscis, Virgo y Libra).

TAURO Y EL SEXO

El hombre

Ya se sabe que el toro es una fiera poco sutil, y el hombre Tauro es un amante aburrido y egoísta, que ignora por completo que el sexo también debería ser placentero para la mujer (recuerde que Mercurio, Marte y Venus influyen mucho en este signo). Los preliminares de un hombre Tauro pueden prolongarse unos cinco segundos, transcurridos los cuales termina rápidamente la función y se queda dormido como un leño, mientras el desconcertado objeto de sus atenciones se pregunta en qué momento se habrá tomado el Mogadón.

La mujer

La mujer Tauro tiene un apetito sexual muy voraz. Esta señora tiene hambre *siempre*. Johannes Wotan, el eminente sexólogo alemán, sostiene que la gran mayoría de los hombres de estatura normal pueden sobrevivir al acto sexual con una mujer Tauro, pero que las probabilidades de supervivencia de los hombres bajitos son considerablemente menores. En términos astrológicos, esto elimina a los hombres Piscis, Libra y Virgo de las relaciones sexuales con mujeres Tauro. En cuanto a los demás, pueden tener serios problemas si están: *a)* en la cúspide de Júpiter; *b)* en el descendente. Las mujeres Tauro suelen tener malas relaciones con *a)* y ponerse histéricas con *b)*.

EL CONDUCTOR TAURO

Los Tauro tienen automóviles muy poco lucidos: Citroën GS, Volkswagen Santana, R12 furgoneta, etc. Estos seres anodinos son de los que se sacan el carné a la primera y se lo cuentan a todo el mundo. Les gusta dar la imagen de «personas sensatas»: son ellos los que circulan a 50 km/h. los domingos por la tarde en la carretera, van todo el camino bajando el freno de mano y están afiliados a ADA o al RACE (si a mano viene, a los dos).

Pero no olvide el mal pronto que tiene Tauro. El mayor atasco del mundo se produjo en los alrededores de Nueva York en 1967: 36.000 coches se quedaron inmovilizados durante tres días en pleno verano. La policía de carretera detuvo a varios cientos de conductores por agredir violentamente a otros automovilistas. Un informe del Departamento de Estado confirmó después que el 92 por 100 de los detenidos eran Tauro.

TAURO Y LA ROPA

El hombre

Las sastrerías de los grandes almacenes son los máximos santuarios del vestir para el hombre Tauro, que está abonado a las chaquetas de *tweed* de hechura indefinida, a los trajes de rayas, a las camisas de cuadros de villela y a los mocasines americanos. Los hombres Tauro deben ser las únicas personas del mundo que todavía insisten en no quitarse la chaqueta.

La mujer

Esa figura de tamaño más que natural puede lanzarse sin reservas al *look* Madre Tierra —es decir, sandalias de cuero en color natural, vestidos de campesina guatemalteca y collares de cuentas— o presentar un aspecto muy semejante al del hombre Tauro: falda de *tweed,* mocasín plano o zapato de cordones, ropa interior funcional y, de premio, una faja con ballenas destinada a soportar la prominente superestructura delantera.

LAS COSAS FAVORITAS DE TAURO

Mujercitas, Julio Iglesias, Bismarck, las cintas K-TEL, el Ejército de Salvación, Robert Redford, Los Tres Sudamericanos, Hermann Goering, el bitter sin alcohol, Mocedades, Juncal Rivero, *El libro del Buen Conductor,* los anuncios de Colón, el *ABC,* las chaquetas de pana, el Pato Donald, Bing Crosby, las series de después de comer, la orquesta de Xavier Cugat, Sandokán, el senador McCarthy, la moda de las sevillanas, *La Gaceta del Golfista, Love Story,* Marta Ferrusola, *El precio justo,* los GS, la tela de saco, la chica Repsol, las toallas *El y Ella,* la Tuna, cualquier cosa relacionada con la Familia Real, *El Almanaque del Campo,* Dyango.

SU GUIA PARA EL AMOR: TAURO

Tauro-Aries

Usted es un conformista nato, aunque en situaciones de presión le dan ataques de furor irracional. Su pareja Aries es a la vez irracional e infantil, así que una persona como usted (que no es particularmente brillante) no tardará demasiado en comprender que esa relación es de una imposibilidad cósmica.

Tauro-Tauro

Esa relación tendrá connotaciones profundamente burguesas. Lo más probable es que sigan juntos, porque para un Tauro lo conocido es siempre infinitamente mejor que lo desconocido. La relación acabará convirtiéndose en todo lo que siempre esperó del amor: una aventura agradablemente sosa y aburrida.

Tauro-Géminis

En esa terrorífica combinación Tierra-Gas/Aire-Marbella, todo son peleas con su pareja Géminis. Pero a los Tauro les gusta que les den motivos para enfadarse, y aquí tiene precisamente a una persona marrullera que satisfará ese ardiente deseo interior.

Tauro-Cáncer

Se ha emparejado usted con un perdedor. ¡Enhorabuena! Los Cáncer tienen enormes ventajas para sus parejas, y una de ellas es que tendrá que organizarse la vida como a usted le guste, de una forma muy aburrida.

Tauro-Leo

Una pareja Venus-Sol. Usted encontrará sumamente desagradable el constante afán de presumir que tiene su pareja y su total falta de preocupación por usted como individuo.

Tauro-Virgo

La combinación Tierra-Tierra funciona tan bien como cabía esperar. Los dos anhelan el orden y la pulcritud. Después de un tiempo, admirará usted a su parejita obsesivamente limpia.

Tauro-Libra

Aunque se trata de una combinación Venus-Venus, no se deje engañar por las apariencias. Los Libra tienen muchísima caspa, y además son incapaces de tomar una decisión. Si quiere durar con su pareja Libra, ¿por qué no se hace el propósito de apuntar toda su vida «champú Veto» en la lista de compras del ser amado?

Tauro-Escorpio

Escorpio es un auténtico manipulador: no se engañe, Tauro. Esta podría ser una relación duradera si juega sus cartas con prudencia y hace todo lo que quiera su pareja; también podría ser una relación efímera, ya que su pareja Escorpio no tendrá el menor escrúpulo en deshacerse de usted. Para siempre.

Tauro-Sagitario

Los Sagitario suelen ser personas más bien estúpidas, y si Saturno se encontró con Júpiter el día de su nacimiento, tendrán una inteligencia muy próxima a la del hombre de Cro-Magnon. Así que ni siquiera usted tendrá dificultades para manipular a esta persona y convertirla en una pareja idealmente conformista.

Tauro-Capricornio

Los Capricornio son explotadores natos y, aunque no sean naturalmente listos, sí que son bastante astutos. En el plano intelectual hay un desequilibrio exagerado entre ustedes, ya que el Tauro medio (y usted es bastante medio, ¿verdad?) tiene dificultades para entender hasta el principio de la rueda.

Tauro-Acuario

Los Acuario se precian de ser diferentes. Y esa «diferencia» puede significar cualquier cosa, desde tejer cortinas de algodón integral hasta lanzar la primera compañía de taxis-bicicleta en los parques municipales. En cualquier caso, esto no se ajusta en absoluto a su concepción del mundo ideal: un lugar donde la gente se comporte de forma previsible.

Tauro-Piscis

Aunque es tan aburrido y tan poco aventurero que no necesita casi ningún estímulo por parte de su pareja, ni siquiera usted será capaz de aguantar a esa espantosa criatura de la constelación Júpiter-Neptuno.

CUANDO UN TAURO LE INVITE A CENAR

Este es el signo de los obesos. Los Tauro son gente ansiosa con la comida. Si les regalan una caja de bombones en su fiesta de cumpleaños, se comen siempre cuatro o cinco antes de ofrecer a los demás.

Si tiene usted la desgracia de invitar a un Tauro a su casa, verá desaparecer casi toda su comida, o bien abiertamente a la hora de comer o solapadamente de madrugada. Al cabo de un tiempo, le apetecerá hacerle algo más bien desagradable a esta persona de la perniciosa constelación Venus-Tierra-Gas, así que ¿por qué no organizar un guateque en honor de su invitado? Mientras usted y los demás asistentes, elegidos por ser antipáticos profesionales (le aconsejamos Capricornio y Escorpio) se ponen morados de jabalí a la brasa, sirva a su invitado Tauro el siguiente menú:

Primer plato:

Un tallo de coliflor troceado.

Segundo plato:

Sorbet à l'eau (suena bien, pero parece un simple cubito de hielo. *Es* un simple cubito de hielo).

Quesos:

Queso de mula ecuatoriana (saque un plato vacío: no hay mulas en Ecuador).

Bebidas:

Agua.

LAS VACACIONES DE TAURO

Los Tauro se toman las vacaciones en serio. Claro que lo hacen porque todos los demás se las toman en serio. Las playas del Norte, como por ejemplo, Santander o Galicia, son ideales para las vacaciones de los Tauro maduros. Esos lugares tienen algo agradablemente aburrido que atrae a los Tauro, además de darles la seguridad de que todos los que les rodean: *a)* leen el *ABC,* y *b)* piensan que los extranjeros son raros.

Los Tauro más jóvenes van mucho al Club Méditerranée, que es la inconvencionalidad más convencional que hay. Uno de sus mayores atractivos es que todo el mundo vive en chocitas idénticas y que se puede comer sin límites.

EL JEFE TAURO

Los jefes Tauro siempre citan el reglamento de la compañía con puntos y comas, y suelen llevar unos veinticinco años en la empresa. Estas personas, impopulares y completamente desprovistas de imaginación, no tienen ninguna dote de líder digna de mencionar, pero sí un fino instinto para la supervivencia en la selva empresarial.

EL EMPLEADO TAURO

Este individuo absolutamente servil siempre da fuego con un mechero de la empresa, carece de toda personalidad, guarda un neceser para limpiarse los zapatos en el cajón de su mesa, ríe a carcajadas todas las gracias del presidente y es objeto del más cordial desprecio de todo el género humano.

EL DIARIO DE SU CICLO SOLAR: TAURO

21 de abril-21 de mayo

21 de abril

La disposición de las estrellas parece indicar que va a vivir un período muy emocionante en las próximas semanas. Espérese a sufrir cambios en su vida laboral y privada.

26 de abril

La Luna Géminis en ascendente desencadena un auténtico frenesí en el banco donde usted trabaja. Siente un gran nerviosismo mientras espera que se produzca la anunciada reestructuración interna del personal administrativo.

29 de abril

El director del banco le comunica que se acaba de cumplir su deseo más secreto: ¡le han nombrado cajero y ya tiene su propia caja!

30 de abril

Marte y la perspectiva de un sueldo más alto ejercen una fuerte influencia en su estado de ánimo, y decide hacer la locura de comprarse un traje nuevo en la sastrería de su gran almacén favorito. Pero sea prudente y tenga cuidado con la maligna conjunción interplanetaria de Saturno y Urano.

4 de mayo

El triángulo Mercurio-Saturno-Urano indica que hoy, inevitablemente, se le olvida ponerse la ropa interior. Cuando va de camino hacia la oficina da un salto a lo Roger Moore para tomar el autobús que acaba de arrancar, y se le rajan los pantalones del traje nuevo. Para colmo de males, el pantalón se le desintegra delante de seis monjas carmelitas histéricas que insisten en denunciarle por escándalo público. En comisaría le dan un par de pantalones de policía demasiado anchos y no le dan cinturón. Con una sonrisita de sorna el sargento de guardia le empapela por cuarenta y ocho horas.

5 de mayo

Irritado por sus protestas de inocencia, el policía que le escolta hacia la cantina le ayuda a bajar los cuatro metros lisos de escaleras con más rapidez de lo que usted esperaba, y decide facilitar un suceso gracioso a la prensa local.

6 de mayo

Hoy es el día de su salida de la cárcel. Sin embargo, su júbilo decae cuando se fija en los grandes titulares del día «Juegos sexuales en el autobús: el empleado de banca y las carmelitas».

7 de mayo

Por fin vuelve al trabajo. Nada más llegar, le comunican que el director del banco le espera en su despacho. Este le indica que la imagen de un maníaco sexual con predilección por exhibirse ante las monjas y con ficha en la policía no es exactamente la imagen que el banco prefiere para sus empleados.

12 de mayo

Después de varios días de reflexión y de una serie de incómodas entrevistas con insistentes reporteros de la prensa sensacionalista, el director del banco le comunica que acaba de pasar usted a la categoría de antiguo empleado.

GEMINIS
ESTUVO
AQUÍ

Géminis

22 de mayo-21 de junio

«Cuidaos de la máscara de Jano: tras ella se ocultan dos rostros, y ninguno de los dos es verdadero.»

Francis Bacon.

Los Géminis son personas polifacéticas, listas y encantadoras. Los nacidos bajo este signo son populares por su ingenio, por su capacidad para captar rápidamente las situaciones y por su facilidad para caer bien a la gente más desagradable. Tienen éxito y están acostumbrados a verse admirados por personas como usted y como yo, que —¿por qué negarlo?— no tienen ninguna de las cualidades de estos semidioses. Por las buenas o por las malas, Géminis llega siempre a la cúspide.

Cierto es que algunos de estos mercurianos lo consiguen, pero suele ser más bien por las malas que por las buenas. Ante todo, los Géminis son auténticos delincuentes. El signo de los gemelos revela, además, una fuerte duplicidad (dicho de otra forma, cierta esquizofrenia). Su reputación de ingenio se basa en una facilidad innata para mentir, y su reputación de inteligencia en la poca frecuencia con que les pillan las mentiras. Un Géminis de máximo nivel podría estar vendiendo armas atómicas defectuosas a los libios sin dejar de ocuparse con gran solicitud de su provincia electoral en Asturias, o dirigir una operación de falsificación internacional a la vez que ocupa un alto cargo en la Casa de la Moneda. Un Géminis de mediano nivel puede perfectamente estar blanqueando dinero para la Mafia a la vez que ocupa con dignidad su escaño en el gobierno local. En lo más bajo de la escala social (y recuerde que allí es donde están *de verdad* la mayoría de los Géminis), los nativos de este signo intentan colarse en el autobús sin pagar alegando que son menores de siete años, apalancan tapacubos ajenos, se disfrazan de repartidores para robar los periódicos de las puertas de las casas y saquean a pobres jubilados haciéndose pasar por el empleado que viene a leer el contador. No juegue a las cartas con esa gente: le harán trampas hasta sacarle los higadillos.

EL HOMBRE GEMINIS

Muchas personas han observado lo huidiza que puede ser la mirada del hombre Géminis: nunca mira mucho rato a los ojos. Si se pone a su lado en una fiesta —mientras pasea la vista por toda la habitación—, es fácil que trate de venderle algo..., probablemente un seguro o incluso un coche de sexta mano.

Los Géminis son vendedores natos. Esta Tercera Casa del Zodíaco contiene muchos elementos conflictivos, y uno de ellos es la habilidad para engañar a los demás. Los Géminis tienen dos caras y se valen de esa característica para abusar del prójimo. Los «primos» ideales para sus técnicas de ventas son los Piscis, a los que conseguirán convencer de que se compren un par de botas de esquí del pie derecho para irse de vacaciones a la Costa del Sol; los Capricornio, a los que harán gastarse un riñón en un falso título de nobleza, y, por supuesto, los Leo, a quienes el ansia adquisitiva impulsará a comprar —pongamos por caso— un par de calzadores decorados con *paillette* u otro artículo de similar buen gusto.

LA MUJER GEMINIS

En algún momento de nuestra vida, casi todos hemos sido embaucados por una mujer Géminis. Parecen tan agradables, tan ingeniosas, tan comprensivas y tan atentas... Sólo entendemos el significado real de la palabra «mercuriano» cuando empezamos a notar que falta alguna que otra cosilla en casa (por ejemplo, la billetera).

Las mujeres Géminis crean mala fama a todo el sexo débil. Son seres tramposos que recurren a cualquier artimaña para conseguir sus propósitos. Como todos los nativos del signo de las dos caras, son mentirosas patológicas, así que resulta casi imposible averiguar sus verdaderos sentimientos. Sus cocinas suelen estar bien surtidas porque les gusta robar en las tiendas, pero no les gusta crear hogar, ya que si se quedan solas en casa no tienen a nadie a quien robar más que a sí mismas. Por otra parte, su astucia rastrera puede reportarles grandes éxitos en los negocios. Son buenas vendedoras, muy hábiles en el halago al cliente; como, además, se ponen al sol que más calienta, la política es su vía natural. No tienen el menor sentido de la lealtad y ningún concepto del deber.

Tienen fama de ser unas anfitrionas encantadoras y a menudo demuestran su encanto en *tête-à-tête* con algún invitado en el dormitorio, lo cual resulta bastante embarazoso para el resto de los asistentes a la cena. Las mujeres Géminis suelen emplear ingentes cantidades de maquillaje y de tinte para el pelo.

GEMINIS Y EL SEXO

El hombre

Muchas mujeres se han quejado de sufrir un gran desengaño con hombres Géminis. Como todos los nacidos en la Tercera Casa del Zodíaco, el hombre Géminis es un gran conversador. Pero cuando se pasa de la palabra a la acción, sus prestaciones físicas no siempre corresponden a su talento para la oratoria. Dicho con crudeza, muchos Géminis son impotentes.

¿Que qué puede hacer usted? Bueno, pues no trate de llevar a su nuevo amante a un grado de excitación suficiente con trucos «rarillos»: esos recursos pueden funcionar con un Libra o con un Cáncer, pero a su Géminis sólo le darán ganas de tirarse directamente por la ventana. Así que, si su novio parece haber olvidado lo que se hace en la cama, sea tolerante. Es fácil que acabe de pasar una larga temporada en un lugar donde no hay mujeres.

Pero tampoco se compadezca demasiado. Después de todo, es probable que este hombre sólo esté durmiendo con usted porque es una forma más fácil de entrar en su casa que apalancar la puerta. Deje la luz encendida y trate de quedarse despierta. Desde ese punto de vista, por lo menos, se alegrará de que Géminis sea tan mal amante: no estará usted agotada. Vigile bien lo que hace cuando se levante de la cama...

La mujer

Algunos cínicos dicen que la única diferencia entre hacer el amor con una Capricornio y hacerlo con una Géminis es que, al menos, la Capricornio finge que le gusta el comercio carnal (y la verdad es que el comercio sí que le va). Pero esta afirmación es injusta para las Géminis, algunas de las cuales pueden hacer grandes alardes de afecto cuando las cosas les van mal. Por ejemplo, estas mujeres son capaces de sentir verdadera pasión por los hombres que llevan un manojo de llaves colgado del cinturón, sobre todo si son directores de banco o guardas de prisiones. En realidad, los psiquiatras han demostrado sin lugar a dudas que el orgasmo simulado es un invento de la mujer Géminis. Algunas Géminis ni siquiera saben cuál es la diferencia entre un orgasmo simulado y uno de verdad. Sin embargo, consiguen engañar a un montón de hombres, y sólo se dan cuenta del simulacro personas muy mentirosas y retorcidas como, por ejemplo, los Capricornio. Un truco popular, que es cruel pero divertido, consiste en susurrar al oído de la amante Géminis en pleno éxtasis: «¿Cuánto son 19 veces 2341 pesetas?» Suelen contestar a la velocidad del rayo, sin consultar siquiera la calculadora incorporada al cabecero de la cama.

EL CONDUCTOR GEMINIS

Para Géminis el coche es fundamental, y más que ningún otro —incluso más que Leo— este signo da un valor patético al automóvil como símbolo del estatus.

A los Géminis muy ricos y muy deshonestos les encanta conducir modelos de superlujo con extras exclusivos como, por ejemplo, Maseratis con ajustador atómico del espejo de cortesía. La máxima aspiración de los jóvenes estafadores Géminis es el Escort XR3 blanco. «Aspiración» es la palabra adecuada, porque la mayoría tienen pequeños utilitarios con pegatinas en la luna trasera del tipo de «No se ría, su hija podría estar aquí dentro». La esperanza es lo último que se pierde.

GEMINIS Y LA ROPA

El hombre

De vez en cuando, a los hombres Géminis les gusta ponerse trajes mal cortados de tela de rayas más bien burda. ¡Sí, señor, trajes de presidiario! Ahora en serio, los hombres Géminis (cuando están sueltos o en libertad bajo palabra) se saben vestir estupendamente. Les encanta ponerse gafas de sol por la noche en invierno, y traje blanco con camisa negra y sombrero blanco de ala ancha.

La mujer

Por encima de todo, a la mujer Géminis le encanta pensar que tiene un estilo de vestir: *a)* muy desenfadado; *b)* muy sofisticado, y *c)* de mujer activa. En la práctica, esto significa que se pone grandes gafas rojas y que lleva siempre consigo un maletín de ejecutivo (aunque esté dándose una ducha). Los sábados se pone unas camisetas enormes y dadas de sí, estampadas con frases obscenas en LETRAS GIGANTESCAS.

LAS COSAS FAVORITAS DE GEMINIS

Richard Nixon, Michael Rourke, *Black is Black,* las solapas anchas, los payasos de alquiler para fiestas, Régine, las versiones orquestales de los grandes éxitos, Luis Candelas, la ropa cara que lleve la marca por fuera, el cava semiseco, Aristóteles Onassis, los Escort XRI, Kathleen Turner, los tacones de aguja, los abrigos de piel vuelta, José Luis de Vilallonga, Julio Iglesias, *Cómo hacerse rico en diez días a costa de lo que sea,* la princesa Smitljana, los zapatos muy puntiagudos, Mariscal, los muebles de mimbre, Lionel Ritchie, las camas nido, Al Capone, el tío Gilito, Marbella, *Ladrón,* Frank Sinatra, Las Vegas, los neumáticos con franja blanca, Curro Jiménez.

SU GUIA PARA EL AMOR: GEMINIS

Géminis-Aries

Una combinación muy poco ortodoxa. Y no se confunda: su signo está regido por el Aire, y Aries por el Viento, conque ¡cuidado con los huracanes! Los Aries tienen el mismo sentido de la oportunidad que los niños, y le harán preguntas de lo más embarazosas delante de las personas a las que quiera impresionar como, por ejemplo: «¿Y qué tal decías que se come en la tasca de tus padres en Villaburros de Oreja?»

Géminis-Tauro

Es usted poco convencional y —por qué negarlo— la falta de honradez no le repugna, mientras que su pareja Tauro es sumamente convencional y aburrida, aunque puede tener la seguridad de que no dejará ni un día de ir a visitarle a la cárcel. Esas cosas cuentan, Géminis.

Géminis-Géminis

Una buena relación se basa en la confianza, así que hasta un ciego vería que ésta va a darles problemas. La clásica relación de pareja Mercurio-Mercurio sólo puede empezar a funcionar cuando se dan a la vez aspectos planetarios fijos y móviles en la carta astral, y todos sabemos que eso es semiimposible astrológicamente.

Géminis-Cáncer

En cuanto le dan la menor oportunidad, es usted bastante egoísta y ésta es la oportunidad con la que llevaba soñando tantos años. Pero sepa también que esta persona se aferrará a usted, sobre todo cuando quiera (que querrá) poner fin a la relación.

Géminis-Leo

Para usted vivir es vender, y aquí tiene a la pareja perfecta: un perfecto materialista que se vuelve loco por comprar. La conjunción de los elementos Aire y Fuego les proporcionará complicidad, armonía y buenas comisiones.

Géminis-Virgo

Si piensa que la risa es una parte importante de la vida, le aconsejamos que evite cuidadosamente este signo. Además, la suspicacia innata de Virgo bien podría despertar sus tendencias delictivas. Vaya con mucha precaución si se mete en la pareja infernal que hacen Mercurio con Mercurio y Aire con Tierra.

Géminis-Libra

¿Le ama Libra? Sí... y no. La verdad es que los Libra son incapaces de decidir. Usted se tiene por una persona bastante decidida; ¿cree de verdad que podría soportar a una persona que sea todo lo contrario de usted, sobre todo si tienen a Venus y Júpiter a la vez en ascendente?

Géminis-Escorpio

La combinación Aire-Agua parece buena sobre el papel..., pero un solo fallo de concentración bastará para que le pisotee este despiadado personaje.

Géminis-Sagitario

Al principio quizá le resulte maravilloso engañar como quiera a una persona tan sumamente estúpida.

Pero al cabo de cuarenta años esa emoción se irá apagando. Esta conjunción planetaria no es buena.

Géminis-Capricornio

Desde luego, son tan ladrones y mentirosos el uno como el otro, pero es probable que su pareja Capricornio sea muchísimo más lista y más sofisticada que usted. Además, se sentirá muy violenta cuando usted intente venderle un Seat 124 de segunda mano a un miembro de la familia real en Palma de Mallorca. Si se lo piensa después, hasta usted se sentirá muy violento.

Géminis-Acuario

No se crea que va a ser divertido vivir con una persona tan débil y tan mansa. Lo que va a ser es aburrido. Antes le encantaba ver *El equipo A,* comer Big Macs y escuchar sus viejos discos de los años setenta: a partir de ahora, su pareja Acuario le tendrá soldada la tecla de encendido de la tele en OFF, le hará comer yogur al brote de soja y amenazará con tricotarle unos calcetines macrobióticos.

Géminis-Piscis

El carácter (a falta de una palabra mejor) de este signo le hace sentir un patético agradecimiento por quien se digne dirigirle la palabra, no digamos por quien viva con él. Pero esto no resuelve una pregunta importante: ¿y qué?

CUANDO UN GEMINIS LE INVITE A CENAR

A los Géminis les encanta impresionar a los demás con sus modos sofisticados. Un Géminis rico preparará una cena suntuosa para sus invitados, aunque la echará a perder sirviendo licor de cerezas con la sopa. Tampoco se recatará lo más mínimo de hurgarse la boca para sacarse una hebra de carne de entre los dientes. Este es un menú típico de Géminis:

Primer plato:

Foie-gras de las Landas (servido con Mahou cinco estrellas y/o Coca Cola).

Segundo plato:

Pizza congelada, menestra de lata y patatas fritas, servido con un Borgoña exquisito.

Postre:

Frigodedos servidos con cognac de 1912.

LAS VACACIONES DE GEMINIS

Aunque los Géminis son bastante listos, no lo son lo suficiente. Este es el motivo de que a veces se vayan de vacaciones al Caribe en el momento preciso para conocer la estación de las lluvias, o de que elijan veranear en Marbella justo cuando empieza a perder gracia.

Naturalmente, los Géminis se sienten atraídos como moscas por las comunidades internacionales de delincuentes, como la Costa del Sol o algunos países de América. (Ronnie Biggs, un Géminis de fama internacional, decidió irse de vacaciones a Brasil... para siempre.)

EL JEFE GEMINIS

Los jefes Géminis, que tienen muy pocas probabilidades de ser buenos, se divierten gastándose el sueldo de sus empleados y contándoles mentiras luego sobre las dificultades que sufre la empresa. La doble personalidad de este signo hace que sea un infierno convivir con él en la oficina. Tan pronto le dan golpecitos amistosos en la espalda como le despiden por llevar los calcetines de un color que no le gusta. Trate de poner millas por medio, si puede.

EL EMPLEADO GEMINIS

No es recomendable, pero suele ser difícil de evitar. Al ser mentirosos congénitos, los Géminis rara vez dicen la verdad en su currículum. Así que no siempre es fácil desecharlos en esa primera fase de selección. Por otra parte, los Géminis son, sin duda, los mejores vendedores del mundo, especialmente con los productos difíciles de colocar. No se fíe nunca de un empleado Géminis con el dinero: el desfalco es su segunda naturaleza.

EL DIARIO DE SU CICLO SOLAR: GEMINIS

22 de mayo-21 de junio

22 de mayo

Buen principio para la tercera fase del Zodíaco. Su vecino llama para decirle que se va de vacaciones y que, si no le importa, le gustaría dejarle las llaves para que se pase de vez en cuando a regarle las plantas. Con una sonrisa maligna, usted acepta el ingenuo ofrecimiento.

24 de mayo

Ya empieza a preocuparle la tía Menchu de Caracas (Venezuela). Lleva dos días llamándola por teléfono desde casa del vecino y no le contesta nadie. ¿Estará de vacaciones?

28 de mayo

Saturno asciende justo por sus aspectos fijos. No es un buen día para su salud. Se fastidia la espalda al llevar el televisor de su vecino al Monte de Piedad, donde apenas le dan dinero suficiente para pagarse el taxi de vuelta a casa.

1 de junio

Saturno desciende, pero las cosas le van mejor. Este puede ser un buen día para jugar con la tarjeta de crédito que le robó a su madre.

2 de junio

No caímos en la cuenta de que había una mala conjunción galáctica por ocultarse Saturno detrás de Venus. La tarjeta de crédito de su madre estaba caducada. El vendedor jefe de Cartier se enfada un poco por tener que volver a colocarlo todo en las estanterías, pero por lo menos consigue usted escabullirse aprovechando la confusión.

4 de junio

Se pone nerviosísimo intentando abrir la puerta del vecino con la tarjeta de crédito, hasta que recuerda que tiene las llaves. Una vez dentro, se pone unas copas y algo de comer, y para relajarse se pasa cerca de una hora haciendo risas con lo que dice el servicio de despertador telefónico de Tokio.

6 de junio

A los pocos segundos de producirse un atraco importante en un banco de la ciudad, la policía se presenta en su casa. Se siente usted halagado hasta que le explican que sólo han venido a pedir para los huérfanos del Cuerpo. Consigue echar una peseta y tres botones en la hucha.

8 de junio

Sus vecinos vuelven de vacaciones. Gracias a sus múltiples ensayos realiza usted un número de espanto y de sorpresa digno de un Oscar.

10 de junio

Problemas para Mercurio al pasar el planeta azogado por el plano astral. El policía asignado al caso del robo de su vecino le resulta terriblemente conocido.

11 de junio

La policía recupera el televisor del Monte de Piedad. Ahora tiene usted el resto de las pertenencias de su vecino escondidas debajo de la cama del dormitorio de invitados. De momento, todo va bien.

13 de junio

Mala suerte para algunos, muy mala para usted: se joroba un dedo del pie intentando abrir a patadas la máquina de tabaco que descubrió en el sótano de una cafetería.

18 de junio

Todavía le duele el pie. A regañadientes, permite al vecino utilizar su teléfono para llamar a la compañía de seguros. El suyo está cortado hasta que abone una factura de seis cifras.

19 de junio

Inesperadamente (Marte está en la casa de Urano) le llama su tía de Caracas. Acaba de llegar a la ciudad después de un viaje de ocho semanas en un barco bananero, y le pregunta si tiene sitio para ella en su casa. Como no puede usar el cuarto de invitados, le pide a sus vecinos que la alojen.

20 de junio

Plutón sufre la influencia negativa de Mercurio. Hoy tiene usted una terrible revelación: su tía también es Géminis. Cuando vuelve a casa después de pasarse el día robando ropa interior de las cuerdas de tender, descubre que la vieja pájara ha allanado su apartamento y ha tratado de vender a sus vecinos todas sus antiguas pertenencias.

21 de junio

Las cosas podrían ir peor. Las celdas son fresquitas en verano y el médico de la policía le va a operar gratis de su uña encarnada. (Pero los alicates le dan mucho miedo.)

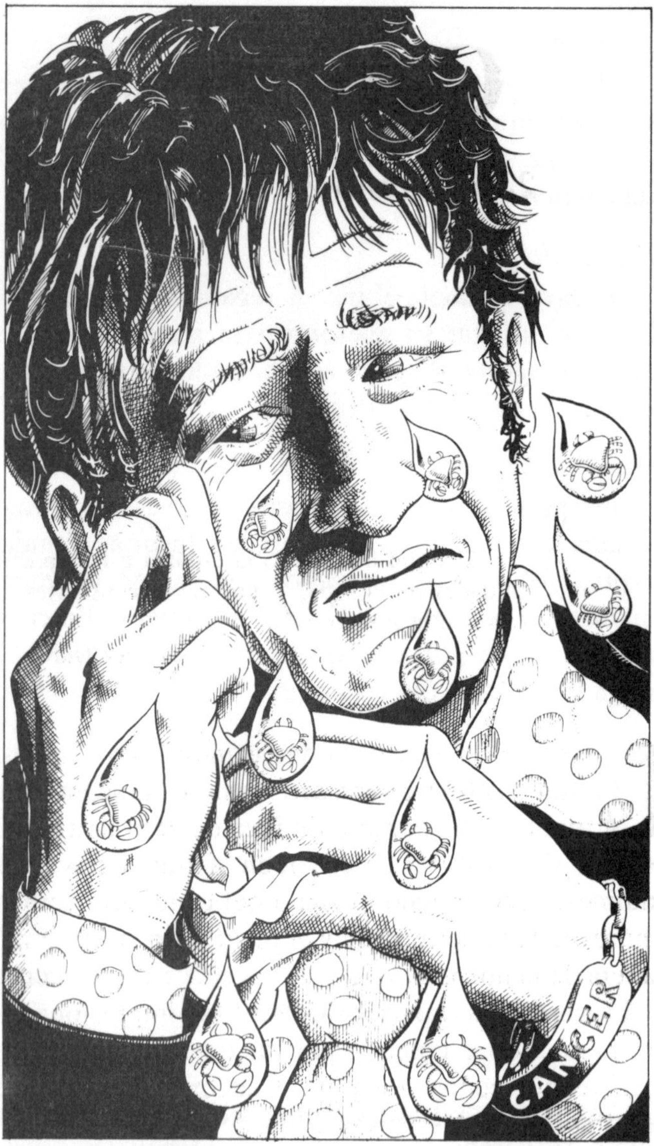
CANCER

Cáncer

22 de junio-23 de julio

«Siempre has vuelto la espalda a las oportunidades de la vida, y aún ahora construyes tu casa en la arena.»

Cristopher Marlowe.

Los Cáncer son personas tranquilas y serenas, con una fuerte vena artística. Su carácter agradable y su aparente timidez ocultan una firme voluntad de conseguir objetivos en la vida. Estos seres lunáticos, nacidos bajo el signo del cangrejo, reciben al nacer toda la hermosura y el misterioso encanto del planeta de la noche.

La verdad es que, lejos de sentirse impresionadas por su sentido estético y por su determinación, las personas que conocen a algún Cáncer se sienten más bien impresionadas por su falta de brillantez social, por su egocentrismo, por su espantosa tendencia a la autocompasión, por su irresponsabilidad y —tal vez sobre todo— por sus legendarios cambios de humor.

El humor de un Cáncer está sincronizado con la influencia multigravitatoria de la Luna y, como la Luna va pasando por sus diversos equinoccios diurnos, es rigurosamente inevitable que el nativo de Cáncer sea capaz de prorrumpir en sollozos sin motivo aparente, de agarrarse una terrible rabieta en un restaurante lleno de gente y de echarse a reír a carcajadas en la ópera durante la escena de la muerte de *Madame Butterfly*.

¿A quién le van a gustar estas personas de drásticos cambios de humor, espantosos modales y terrible irresponsabilidad? Lo diremos claro: a casi nadie. Hay muy poca gente interesada en encontrar una pareja cuyas características más destacadas sean las de resultar un estorbo tremendo y desestabilizar constantemente a los demás.

EL HOMBRE CANCER

Astrológicamente se puede afirmar con certeza casi matemática que este varón tendrá un pasatiempo, cuando no varios. En casa de un Cáncer, uno está expuesto a un peligro muy real de que le enseñen con orgullo una colección de posavasos de la CEE, una ingente maqueta arquitectónica hecha con tres millones de piezas de Lego, o la flota completa de aviones de combate de la Segunda Guerra Mundial realizada en madera de balsa. Por otra parte, los hombres Cáncer son tremendamente cobardes: en la Segunda Guerra Mundial, casi todo el ejército italiano estaba compuesto por nativos del signo del cangrejo.

Pero, por encima de cualquier otra afición, el hombre Cáncer ha encontrado su hogar espiritual en el mundo de los ordenadores personales. Para la mayoría de la gente cuerda es un misterio que haya personas con verdadero interés en tener un ordenador personal o en asistir a una feria de informática, y un misterio aún mayor que esas personas sean todas hombres miopes y ridículamente mal vestidos. La respuesta es sencilla: todos son hombres Cáncer.

Por si todo lo anterior no fuera ya bastante terrible, hay que señalar también que un porcentaje muy alto de los jefes de boy-scouts son Cáncer.

LA MUJER CANCER

La Luna es una divinidad femenina, pero la mujer Cáncer no es de lo mejorcito que se puede encontrar en materia de diosas. Estas mujeres son bastante maliciosas y enrevesadas en cuanto se les da pie, y *muy* emotivas. Por ejemplo, el pretendiente de una mujer Cáncer puede creer que está quedando como un ser encantador y delicado al comentarle (sea o no verdad) lo guapa que está con su nuevo peinado, y encontrarse con que su novia se deshace en insultos y en llantos, porque eso quiere decir que antes tenía el pelo como un seto sin podar. La mujer Cáncer también puede pasar de estar encantadora en una cena tranquila con un Sagitario al que domina como quiere, a armar un número horroroso sin solución de continuidad: es un signo de Fuego en el ascendente, una meiga enloquecida, una mala noche en el casino. Nunca se sabe exactamente cómo va a reaccionar una mujer Cáncer y, por eso, la gente suele evitarla con mucho cuidado. Huelga decir que no tiene sentido del humor.

CANCER Y EL SEXO

El hombre

A las mujeres les gusta la dificultad, y no hay nada más difícil para el género femenino que conseguir alejar a un hombre Cáncer de su tren de juguete o de su ordenador personal para meterlo en la cama. Con frecuencia hay que recurrir a sobornos tan viles como comprarle el último juego de ordenador, o zapatos de supervivencia con compartimentos secretos en el tacón.

En el supuesto de que funcione el soborno, ya lo tiene: Don Dinámico en persona. Según las detalladas estadísticas preparadas por Kinsey a lo largo de varios años, los hombres Cáncer pueden ser amantes briosos o completas nulidades, y a veces combinan las dos características en una sola sesión. El mismo hombre que hace un minuto era como un ágil mono que se balanceara por la selva de la intimidad física, abandona de pronto a su sorprendida pareja para echarse una partida de «comecocos» en su Commodore 64.

La mujer

Las mujeres Cáncer se tienen por sumamente atractivas para el otro sexo. ¿Pero lo son de verdad? Lo que sienten los hombres es desconcierto por sus rápidos cambios de humor, que se vuelven aún más pronunciados en los asuntos carnales. En cuestión de minutos, la mujer Cáncer pasa de la buena disposición a la indiferencia. Por lo tanto, se puede afirmar que estas mujeres son unas provocadoras de primera.

Hace falta tener tan pocas posibilidades como un Sagitario o un Libra para tolerar ese tipo de comportamiento. Los pretendientes de la mujer Cáncer tienen que esperar a veces varios años de malos humores y broncas, por no hablar de la frustración física, antes de conseguir lo que querían. Y cuando, por fin, su pareja se va a la cama, los interesados parecen llevarse una gran decepción: ¿Para esto tanta historia?

EL CONDUCTOR CANCER

El conductor Cáncer es una bestia caprichosa e irresponsable, de la que nunca se puede saber si va a pararse en un semáforo en rojo. Al igual que el cangrejo, estas personas tienen tendencia a desplazarse de costadillo por la carretera, y lo mismo circulan a 60 km/h. por el carril de adelantamiento de la autopista que conducen por la Gran Vía como si se tratara del circuito de Le Mans.

La mayoría de la gente se da cuenta de la proximidad de un conductor Cáncer en el momento de la colisión. Para detectarlos con algo más de antelación y tomar medidas preventivas, les daremos un par de consejos. En primer lugar, el coche de un Cáncer suele estar lleno de bollos por todas partes; y en segundo lugar, suele llevar una pegatina de «*No me siga. Yo también estoy perdido*». A veces lleva hasta un almohadón de ganchillo. Sálgase de la vía. Rápido.

CANCER Y LA ROPA

El hombre

El hombre Cáncer viste francamente mal. Se le reconoce instantáneamente porque lleva calcetín blanco con traje oscuro y una pinza de corbata de las que salen en los tambores de detergente. Por debajo de su camisa se adivina el contorno de una camiseta. Su corbata es tan chillona que deslumbraría a un topo un día de lluvia.

Los hombres Cáncer suelen llevar un bolígrafo en el bolsillo de la camisa. La persona a la que le suena la alarma del reloj digital en el cine es siempre un hombre Cáncer.

La mujer

No hay otra forma de decirlo: la mujer Cáncer se viste con criterios *emotivos*. Quiere llamar la atención, y vaya si lo consigue: ¿quién no se fijaría en una mujer ataviada con sombrero amarillo, zapatos italianos fosforescentes, bolso de piel de marsupial y rostro cubierto por dos dedos de maquillaje exageradísimo?

LAS COSAS FAVORITAS DE CANCER

El general Galtieri, Alaska, *Luz de luna,* los compatibles, el emperador Nerón, Hulk, Jack Nicholson,

Mortadelo, *Grandes éxitos musicales del 88,* las revistas de informática, Steven Spielberg, Groucho Marx, El comecocos, Andy Warhol, Jacques Cousteau, el ajedrez electrónico, *2001, odisea espacial,* las maquetas de aviones, Juana la Loca, los tostadores digitales, Neil Young, Felipe el de Mafalda, las colecciones de sellos, el aeromodelismo, *Star Trek,* Karpov.

SU GUIA PARA EL AMOR: CANCER

Cáncer-Aries

Aries es un auténtico niño mimado, y suele armar grandes escandaleras cuando no se sale con la suya. Esta pareja Marte-Luna está cargada de problemas, y uno de ellos es que usted también puede comportarse así cuando le da la vena.

Cáncer-Tauro

El aspecto fijo de usted es Pepsi, y el de Tauro es Gas. ¡Menuda mezcla! Sin embargo, una cosa tienen en común: los dos creen siempre llevar la razón. Cuidado con esta característica: puede provocar grandes discusiones, ya que ninguno querrá dar su brazo a torcer.

Cáncer-Géminis

Aunque esta unión no parece demasiado inviable a primera vista, no se crea usted que todo va a ser un lecho de rosas: es fácil que su pareja pase varios años lejos de usted, recluida en cárceles de alta seguridad.

Cáncer-Cáncer

Dos Cáncer juntos pueden formar una pareja francamente maravillosa. Los dos se divertirán espiándose, discutiendo, jugando con sus ordenadores personales y, de vez en cuando, el uno con el otro.

Cáncer-Leo

Agua y Fuego. ¡El uno apaga al otro! Con Leo, Cáncer tiene que acostumbrarse a ocupar el asiento de atrás, y en sentido bastante literal: su pareja estará tan aburrida de usted que habrá otra persona en el de delante.

Cáncer-Virgo

A pesar de que sus aspectos fijos (Pepsi y Agua Mineral) son opuestos totales, tienen ustedes una característica común: los dos son tremendamente cobardes. Pero, como descubrirá a su debido tiempo, ésta no es una buena base para una relación armoniosa.

Cáncer-Libra

Los Libra pueden volverse agresivos si se les cruza el cable, y con usted es muy fácil que se les cruce. Así que le recomendamos mucho cuidado en esta relación, ya que la lucha libre alrededor de la mesa nunca ha sido lo suyo.

Cáncer-Escorpio

Los dos son signos de Agua, pero ahí acaban sus semejanzas. Astrológicamente, esta relación es una verdadera monstruosidad, cuya única posibilidad de supervivencia es que usted se someta por completo a todos los irracionales caprichos de su pareja Escorpio.

Cáncer-Sagitario

Los Sagitario son pedazos de carne con ojos. Estas personas son completamente estúpidas, frívolas y desprovistas de criterio propio. Si puede usted aceptar una desigualdad de inteligencia en la pareja, tal vez le convenga esta unión: es probable que se salga siempre con la suya.

Cáncer-Capricornio

Los Capricornio son auténticos «trepas», no lo olvide nunca. Usted llegará más lejos con esta pareja que sin ella, pero será Capricornio quien elija la dirección del ascenso. Socialmente, esa dirección será la urbanización de lujo y la dirección general de la empresa pasando por las fiestas en Marbella. ¿Da usted la talla?

Cáncer-Acuario

Esta unión Luna-Saturno-Urano tiene más elementos a su favor de lo que podría parecer. En primer lugar, los Acuario se empeñan en portarse bien con los demás, aunque de una forma bastante simple, con lo cual usted recibirá más comprensión y más atención de lo que merece su pésimo carácter. En segundo lugar, como los Acuario no tienen ni idea de lo que es el dinero, podrá usted manipular bastante bien esa faceta de la pareja.

Cáncer-Piscis

Desde el punto de vista astrológico, es muy desalentador ver que no se ha decidido por el mejor. Piscis está muy abajo en la escala astrológica. Lo único que cabe decir de esa «relación» es que puede programar a su pareja Piscis para que haga todo el trabajo de la casa. Pero también pueden hacer cosas *apasionantes* juntos, como ver la tele o escuchar los consultorios de la radio.

CUANDO UN CANCER LE INVITE A CENAR

Las invitaciones de un anfitrión Cáncer pueden resultar bastante incómodas, por la probabilidad de que les dé una de sus famosas rarezas. Muchas veces obsequian a sus sorprendidos invitados con una repugnante comida preparada de cualquier manera.

Este es, por tanto, el probable menú de un convite Cáncer:

Primer plato:

Pastel de atún en gelatina. Preparado por error con gelatina de frambuesas. Absolutamente incomible.

Segundo plato:

Pollo asado. Guisado sin sacarle de dentro la bolsita de plástico con los menudillos. Un plato sobresaltador.

Postre:

Tabla de quesos. Los *fromages* están tan pasados que bailan unos pasos de rumba por la tabla.

Vinos:

Vino griego retsina. Violento dolor de cabeza garantizado en cuestión de minutos.

LAS VACACIONES DE CANCER

Los Cáncer son muy impopulares entre sus compañeros de vacaciones, porque siempre se quejan de la comida, se pelean con el personal del hotel, se niegan a participar en las actividades comunes y se cuelan en la cola del desayuno.

Cuando están en el extranjero no muestran ninguna curiosidad por la cultura local y roban el Sulfintestin de los demás. Llevan zapatillas del doctor Scholl en la playa y no les gusta salir en las fotografías de grupo. El último día compran espantosos objetos de artesanía en los quioscos de los aeropuertos.

EL JEFE CANCER

Le hace tanta falta un jefe Cáncer como que le corten una pierna. El jefe Cáncer es una persona muy desagradable y solapada, capaz de planear la forma de ponerle de patitas en la calle a la vez que le asegura que es usted sus pies y sus manos.

EL EMPLEADO CANCER

Los Cáncer suelen dominar el aspecto administrativo de los negocios, y rara vez pasan de esas funciones en el mundo empresarial. Sus jefes deben prevenirse contra los cambios de humor y la irresponsabilidad latente de estos empleados. A los nacidos bajo el signo del cangrejo no les gusta mirar las cosas de frente; prefieren los planteamientos laterales.

EL DIARIO DE SU CICLO SOLAR: CANCER 22 de junio-23 de julio

22 de junio

Marte está en ascendente, y la constelación conspira contra usted; una fuerte tormenta echa a perder la barbacoa que había planeado hacer con su pareja.

29 de junio

Todos los planetas están en rápido ascenso salvo Venus; es muy probable que se le venga encima una temporada muy dura en su vida privada.

1 de julio

Llega una cuenta de teléfono con llamadas a Argentina por valor de varios cientos de miles de pesetas. Usted no conoce a nadie en Argentina.

3 de julio

El eje diurno se aleja de Venus, y usted sigue perplejo y preocupado por aquella cuenta de teléfono. No la puede pagar, y no entiende cómo puede haber tantas comunicaciones con Argentina. Su llamada al servicio de reclamaciones de la Telefónica resulta singularmente inútil.

6 de julio

Lleva ya varios días de muy mal humor, y no le ayuda la frialdad que percibe en su pareja.

14 de julio

Aniversario de la epidemia de Peste Negra. Usted no tiene carta, pero hay dos para su pareja. Curiosamente, las dos llevan remite de Buenos Aires.

15 de julio

Aún no ha podido encontrar la ocasión adecuada para sacar el tema de esas cartas.

16 de julio

Llega carta de Viajes Marsans.

18 de julio

Su pareja le ha abandonado. Pensándolo bien, no sabe cómo pudo no darse cuenta cuando la vio hacer aquella enorme maleta y pedir un taxi para la terminal internacional del aeropuerto.

20 de julio

Se va unos días a casa de sus padres en busca de consuelo. Venus vuelve a su anterior posición interestelar, y usted toma la determinación de rehacer su vida. Por la tarde sale a dar un largo paseo por el jardín. Demasiado tarde, recuerda que sus padres viven en el último piso de un rascacielos.

SOLO PARA LEOS

Leo

24 de julio-23 de agosto

«No tenía prudencia ni freno, sólo amor al oro.»
Ben Jonson.

¡Hola, león! Extrovertido, generoso y altivo, el sibarita Leo es una persona que sube como la espuma hasta llegar a posiciones importantes en la vida. Este líder nato tiene la elegancia natural del león, pero también algunos de los instintos de supervivencia más asesinos del rey de la selva. El elemento leonino es el Fuego, su metal favorito el oro y su planeta dominante el Sol.

Y es cierto que a Leo se le da todo bastante bien... incluso la mentira y la megalomanía. En realidad, la descripción anterior es el tipo de tonterías que sólo contaría o se creería un Leo. Porque los Leo son lo más odioso, lo más mandón, lo más insensible y lo más ostentoso que ha nacido de madre. Agobiantes, presuntuosos y codiciosos, el hombre o la mujer Leo pueden ser objeto de halagos en público, pero en privado son objeto de un desprecio casi universal. Y lo de «casi» es un decir. A nadie que no sea un retrasado integral (véase *Piscis*) le gusta un Leo más que por motivos profesionales.

A los Leo les encantan los alardes y el lujo; esta característica, unida a un infalible sentido del mal gusto, convierte la convivencia con ellos en toda una experiencia de la vulgaridad. Los Leo son el sueño de cualquier vendedor que, con simples halagos, puede hacerles comprar desde una bañera redonda con grifos chapados de oro, hasta un mueble bar recubierto de plástico negro tachonado estilo «chester» —acompañado con un cubo de hielo en forma de piña—, pasando por una colección de enciclopedias encuadernadas en auténtico eskay imitando cuero. Sus casas no son afamadas por su elegante sencillez. Los Leo son personas desagradables que no desean tanto que se las quiera como que se las envidie.

EL HOMBRE LEO

Napoleón Bonaparte era Leo, y los hombres Leo lo tienen muy a gala. Y es que muchos de ellos se parecen a aquel infame francés: bajitos, calvos, megalómanos y, a fin de cuentas, fracasados. Al igual que Bonaparte, ellos también llevan la mano metida en la chaqueta para toquetear sus gruesas cadenas de oro. Leo es un signo de Fuego y suele traer problemas: los fuegos son difíciles de ignorar, y un Leo es capaz de todo con tal de que se fijen en él. En los casos más sencillos, decide llamar la atención apareciendo en la discoteca cubierto con 50 kilos de oro en cadenas y sortijas; en casos más complejos, le puede dar por conquistar Europa por la fuerza de las armas. En cualquier caso, no opta por nada agradable ni para usted ni para mí.

Los hombres Leo suelen compararse con gente como Richard Gere, Miguel Bosé o Albert Einstein, y deciden que aguantan bastante bien la comparación. No hay nadie más vanidoso que un hombre Leo.

LA MUJER LEO

En cuanto a la mujer Leo, también corresponde al símbolo de su signo. Cualquiera que entienda algo de leones sabrá que el macho, lejos de reinar en la selva, se limita a no dar golpe y a rascarse la tripa mientras que la hembra se dedica a su pasatiempo favorito, que es asesinar a inocentes transeúntes. Codiciosa, disoluta y muy desagradable, así es la verdadera personalidad de los leones en el reino animal.

Las mujeres Leo se cuidan en balnearios, se gastan el dinero de sus maridos en *gigolós*, se ponen cantidades grotescas de bisutería, llevan a sus caniches al restaurante, se operan para estirarse la piel, aumentarse el pecho y arreglarse la nariz, y van a la peluquería todas las semanas; se quedan embelesadas por su reflejo en los escaparates, comen enormes pasteles de nata y tienen una moral notablemente disipada.

LEO Y EL SEXO

El hombre

Un principio cósmico es que un Leo sólo puede enamorarse de otro Leo, y que ese Leo es él mismo. Ningún Leo puede soportar que nadie le robe cámara, y menos en la cama. Por eso mismo los hombres Leo suelen ser amantes de costumbres tremendamente egoístas. Y, a juzgar por la satisfacción que recibe su pareja, lo mismo daría que hiciera el amor consigo mismo, aunque nadie lo adivinaría por el autobombo que se da: el hombre Leo se guarda sus mejores prestaciones para «después», y llega a un extraño tipo de clímax postcoital que se traduce en un bombardeo de preguntas.

¿No ha sido la vez que mejor?
¿No soy el más viril del mundo?
¿A que ha sido como un terremoto?
¿Cómo ha sido de fuerte el terremoto?
¿Es que eres frígida, o qué?

Para entonces, su amante, machacada por la «técnica» Leo (dicen que se puede reconocer a la pareja de un Leo por la forma de la cadena de oro impresa en perfecto bajorrelieve en su pecho), no se encontrará exactamente en una situación de beatitud, pero no hay cuidado de que nuestro voluntarioso Leo se dé cuenta. Se hunde en un satisfecho y ruidoso sueño con su reputación de supermacho incólume en su propia mente, que es el lugar donde se producen tantos de sus mejores momentos.

La mujer

La mujer Leo tampoco es conocida por sus modales en la cama. Las leonas suelen ser ansiosas y exigentes. El único consuelo de sus amantes es que, aunque les humillen en la cama —«qué gracia, esto me recuerda un pene, sólo que más pequeño»—, es probable que les hagan una buena crítica después, ya que, como buenas Leo, su principal preocupación es quedar bien. Hasta un interludio sexual de lo más corrientito pasará a las crónicas de sus «amigas» como una repetición del terremoto de San Francisco.

EL CONDUCTOR LEO

Gracias a su increíble petulancia y a su total falta de sensibilidad, los Leo tienen bastante éxito en los negocios, sobre todo en América, y suelen llevar coches caros. Pero, como siempre, exageran la nota. Si ve un Rolls-Royce dorado con los asientos tapizados de piel de pantera auténtica o un estrepitoso Cadillac con antena parabólica, puede estar seguro de que pertenece a un Leo. Sólo un Leo puede pensar que va a impresionar a los demás con un Jaguar pintado en verde y rojo y estampado con las iniciales de Gucci, porque sólo un Leo puede sentirse impresionado por eso.

Pero, en opinión de mucha gente, hay algo peor que un Leo rico, y es un Leo pobre. Esa patética criatura es un puro quiero y no puedo, un abyecto materialista sin materia en la que recrearse. Así que ya puede precaverse de ese 850 con ruedas anchas y franja de cuadritos blancos y negros para correr más: ¡se trata de un Leo que no puede comprarse el coche que quiere! Evite a esa criatura como evitaría, por ejemplo, a un médico Escorpio.

LEO Y LA ROPA

El hombre

Al hombre Leo le gusta el estilo de *sport* elegante, pero no suele conseguirlo. Por ejemplo, es propio de un Leo acudir a un funeral ataviado con traje blanco, camisa negra desabrochada, zapato blanco y un enorme puro. A veces remata ese atuendo echándose un abrigo con cuello de piel por los hombros.

Ya que hasta los Leo entienden que es de mal gusto dejarse la etiqueta del precio prendida en la manga, se han convertido en los principales beneficiarios e inspiradores de la moda de las ropas con marcas identificables, como Lacoste. Desde luego, la mayoría de las personas piensan que es bastante estúpido pagar 6.000 pesetas por una camiseta de 2.000 sólo porque lleve un cocodrilito en la pechera. ¡Un Leo no! El piensa que el animalito vale más que el dinero porque... ¿para qué sirve el dinero si los demás no lo ven?

La mujer

Las mujeres Leo no tienen problema para dar con su estilo de ropa. En cualquier ocasión irán demasiado vestidas. A las Leo les encanta la opulencia, pero no tienen gusto verdadero. Siempre que tengan la menor posibilidad de pagar más de lo necesario por algo, lo harán. Pero, por su natural amor al alarde, no estarán contentas si la gente no puede decir cuánto han pagado. La Leo tiene la misma actitud con respecto a las marcas que su homólogo masculino, y no le importaría lo más mínimo llevar colgado del cuello un cartel con el nombre de un fabricante de ropa fina. Nadie acusó nunca a la mujer Leo de un exceso de sutileza.

Muchas han desarrollado brazos alargados, como los monos, por el peso de las sortijas que llevan en los dedos. A la mujer Leo le encantan los abrigos de piel (para el verano), las minifaldas (para el invierno) y los conjuntos de tenis (para ir de tiendas). Lleva demasiado maquillaje, demasiado poca ropa interior y va bronceada todo el año. Su engreimiento supera todo lo que pueda imaginarse.

LAS COSAS FAVORITAS DE LEO

Adnan Kashoggi, Cher, las camas de agua, Arnold Schwartzenneger, Sabrina, Tom Jones, *Dinastía,* el Puerto Banús, Cartier, los botines de hombre, Michael Jackson, la coca, Cleopatra, *Dinero,* Alice Cooper, las camisas abiertas hasta el ombligo, los vestidos muy escotados, la bisutería, Jesús Gil y Gil, los Ferraris, Rod Stewart, el windsurfing, *La Bamba,* los bolsos con estampado de iniciales, los enanitos de piedra en los jardines, los pantalones de lástex, la Veuve Cliquot, el caviar, Mario Conde, los medallones de oro, los collares de perro con diamantes, Maxim's, la Quinta Sinfonía de Beethoven, Napoleón, el Padrino, Mussolini, *My Way,* los preservativos de colorines, Lola Flores, los sitios de copas exclusivos.

SU GUIA PARA EL AMOR: LEO

Leo-Aries

Marte influye mucho en esta pareja, y no para bien. Usted quiere ser una estrella... y el infantil carnero también. Esta relación no es bastante grande para ustedes dos.

Leo-Tauro

Aunque puede haber conjunciones peores, usted no vivirá demasiadas emociones si une su estrella a la de ese venusiano de Tierra. El hiperconvencional Tauro desaprobará sus trajes de vestir, y sin duda le confiscará la coca cuando vaya a salir. Esta relación le ahogará.

Leo-Géminis

Su pareja Géminis le va a encantar, ya que se pasará el día halagando su enorme vanidad. Pero esté prevenido: este signo es el del mentiroso profesional. Su famosa generosidad podría ser el objetivo de tantas amabilidades.

Leo-Cáncer

Casi la única forma de pasárselo bien con un Cáncer es dejar a semejante infeliz en casa. ¿Qué te parece la idea, león?

Leo-Leo

Aunque lo más próximo a su pareja ideal es un espejo de cuerpo entero, no se busque otro Leo si opta por un consorte viviente. No sería capaz de soportar a alguien tan egocéntrico como usted mismo.

Leo-Virgo

Mercurio en ascenso le hace realmente difícil esta pareja amorosa. Usted quiere hacer unas risas sin compromiso. Su amigo peluquero no sabe lo que es divertirse. ¡Déjelo estar, Leo!

Leo-Libra

Usted podría ayudar a ese inútil vacilante a decidir unas cuantas cosas: por ejemplo, si debe celebrar su fiesta de cumpleaños en el Ritz, en el Palace o (como cree usted) en los dos sitios. El carácter apocado de este signo no es de los peores para usted.

Leo-Escorpio

Marte y Plutón ejercen su influjo en la constelación: Escorpio no se va a sentir impresionado por sus alardes pomposos, e incluso puede tramar malignos planes para hacer fracasar su búsqueda obsesiva de la propia felicidad.

Leo-Sagitario

Este es el tipo de perdedor con el que puede vivir. Como Júpiter domina el carácter de Sagitario, no tendrá usted problemas para dirigir la relación de pareja. Pero ese pedazo de carne con ojos no es precisamente una persona de la que se pueda presumir. Y presumir es lo que mejor hace, ¿verdad?

Leo-Capricornio

Por lo menos este trepa ambicioso y ladrón le acompañará a todas las fiestas que le gustan, aunque sea por motivos que no le gustan. No pierda de vista el Rolex de imitación que lleva en la muñeca: es posible que, en un descuido, su pareja Capricornio le corte la mano para llevárselo.

Leo-Acuario

Esa combinación va a ser poco lucida para su gusto, demasiado extravagante, y «socialistona» para un capitalista tan tajante como usted. Su ostentosa elegancia no va a tener ningún éxito en los círculos de Amnistía Internacional y otros grupos por el estilo. ¿Que qué hace ahora? Buscarse un Piscis, por supuesto.

Leo-Piscis

Es cierto, no puede presumir de tener una pareja Piscis, pero puede presumir *con* ese inadaptado crónico mañana, tarde y noche. Un rápido vistazo a los planes dominantes de esta combinación revela un atractivo trío Sol-Júpiter-Neptuno. Así que este monte es todo orégano para el afortunado Leo: ésta podría ser una combinación ganadora.

CUANDO UN LEO LE INVITE A CENAR

Con este signo, nada de comidas dietéticas. Los Leo son personas ostentosas y vulgares a las que les encanta comer carne con las manos. En la mesa ponen esculturas de hielo para impresionar a sus invitados. En la tartera de la merienda llevan emparedados de lengua de golondrina para poder explicar a todo el mundo cuánto cuestan. Para enriquecer el helado le ponen sirope de oro por encima. Les encanta el champán caliente. También les apasiona cenar en restaurantes famosos y carísimos y hacer sus compras en las *boutiques* de alimentación o en los supermercados que abren por la noche, por el puro placer de gastar demasiado dinero.

El menú ideal

Primer plato:

Caviar (servido con la etiqueta del precio).

Segundo plato:

Jabalí asado (que el propio Leo troceará con las manos y distribuirá según le dé en el momento).

Postre:

Nata.

Bebida:

Pippermint.

LAS VACACIONES DE LEO

Por naturaleza, los Leo son grandes amantes del Sol y artistas de la tontería social por excelencia. Su ambición más profunda, en cualquier época del año, es irse a Nueva York. Si no pueden ir allí en viaje de negocios, se van de vacaciones... paradójicamente con traje, corbata y maletín de ejecutivo para mantener la imagen fútil e ilusoria de su propio éxito. Los que no se pueden permitir el viaje a Nueva York suelen acabar en Marbella, donde aseguran a todos los demás veraneantes que, en realidad, se pasan las otras cincuenta semanas del año en Nueva York. Los Leo francamente fracasados se van de vacaciones a Benidorm, en cuyas discotecas se hartan de comentar que van muchísimo a Marbella.

EL JEFE LEO

El jefe Leo es autoritario y dictatorial, pero manejable si se le sabe halagar. No olvide que un Leo siempre preferirá que se quede a su lado halagándole a que se vaya a trabajar. Por lo tanto, los jefes Leo dan fiestas y regalos bastante buenos, y no se tienen problemas con ellos mientras se esté de acuerdo con todo lo que dicen. Lo malo es cuando se lanzan a proyectos descabellados y uno no tiene más remedio que obedecerles. A su jefe Leo puede parecerle una idea estupenda formar una pirámide humana para hacer publicidad al negocio, pero a usted no le parecerá tan estupenda cuando sea el elegido para subirse a la cúspide de la pirámide. El típico perfil del jefe Leo es el de un chulo gordo y rico. Tendrá que hacerse a la idea.

EL EMPLEADO LEO

Se podría decir que es absurdo darle trabajo a un Leo. Siempre pensará que se lo sabe todo, hará de menos a los demás y se pasará el día presumiendo en lugar de trabajar. Los Leo vuelven loco al resto del personal con su petulancia y espantan a los clientes. Incluso es posible que el Leo al que usted dio un empleo quiera su puesto, y quizá no pare en barras para conseguirlo. Si es usted Virgo, Piscis o Acuario, es fácil que ya se lo haya quitado.

EL DIARIO DE SU CICLO SOLAR: LEO

24 de julio-23 de agosto

25 de julio

Quizá el día más feliz de su vida: al salir premiado su número de la suerte en el concurso del Jacuzzi de Oro, ha ganado usted una bañera de caviar; el premio le será entregado ante las cámaras de televisión por una famosa estrella de cine.

26 de julio

Un día difícil, dedicado a hacer inventario con la policía de lo que le han robado en su casa mientras usted acudía a la falsa entrega de premios. Todavía no puede dar crédito a la teoría policial de que le ha engañado alguien que «le conoce —y le odia— bastante».

4 de agosto

Para demostrar que es una persona animosa, invita a todos sus amigos a su casa algo desangelada. Durante la fiesta hace usted varias de sus legendarias gracias de sociedad, incluida su interpretación de *Hey* en el pequeño escenario del salón. Luego entabla usted una animada conversación con esa joven de la oficina que siempre le había gustado.

5 de agosto

Cuando se despierta, observa que la conquista de anoche lleva puestas varias de las joyas personales que le robaron hace unos días. Se siente herido, traicionado, asqueado y, más que nada, ansioso de saber lo que le pareció el numerito de *Hey* a su nueva amiga.

6 de agosto

Todavía está sopesando las implicaciones de la violenta discusión de ayer. ¿Será posible que su joven colega haya comprado las joyas, junto con su lámpara de pie del salón, su equipo de música, su colección de discos y su encendedor en forma de pistola a través de un anuncio por palabras publicado en el periódico?

7 de agosto

Se va a la hemeroteca a consultar los periódicos de la semana pasada. Esto es lo que encuentra: «Ocasión única. Urge vender todos los enseres de una casa. Muy barato.» Tarda un rato en caer en la cuenta de que el número de teléfono indicado es el de su propia madre.

10 de agosto

Después de semejante bronca, parece que ha perdido una madre. Por lo menos, su joven colega le ha dicho la verdad, así que tal vez haya ganado una novia.

13 de agosto

También ha ganado la sensación de que no se siente demasiado bien.

14 de agosto

Aniversario del comienzo de la Primera Guerra Mundial. Esta interesante información, junto a otras muchas, procede de las antiquísimas revistas que ha hojeado en la sala de espera de la clínica «El Sifilazo». El médico le pone un tratamiento de penicilina.

20 de agosto

Su jefe le invita a una fiesta con champán para celebrar su divorcio. Por desgracia, como está tomando penicilina, usted no puede beber. Su jefe se lo toma como un desacato.

22 de agosto

Le dan su puesto a su joven colega.

23 de agosto

Su antiguo jefe le anuncia que va a casarse con su madre.

24 de agosto

La autopsia demuestra que era usted mortalmente alérgico a la penicilina.

DES
VIRGO
VIRGO
VIRGO
VIRGO
VIRGO

Virgo

24 de agosto-23 de septiembre

«Miserables criaturas, tan limpias como un silbido y tan faltas de armonía como él.»

Samuel Johnson.

Los Virgo son personas tranquilas, amables y pacíficas. Estos individuos, más bien contenidos aunque agradablemente cabales, tienen una visión muy perceptiva del mundo. El planeta dominante de Virgo es Mercurio y su elemento es la Tierra: en términos astrológicos, ésta es una combinación atractiva que produce infaliblemente un ser humano reflexivo con un cociente de inteligencia de cinco cifras. Por si todas esas cualidades no fueran suficientes, los Virgo tienen un don natural para la amistad.

La información del párrafo anterior es un mito, un mito transmitido a lo largo de la historia por astrólogos aficionados que debían haber hecho mejor su trabajo. La gente que tiene contacto con los Virgo descubre muy pronto que se merecen los tres «hip», pero no el «hurra»: hipocríticos, hipercríticos e hipocondríacos. Se sabe que les encanta hacer sentirse enanos a los demás (tiene gracia que les guste eso a los Virgo, que son afamados por su diminuto tamaño). Entregados al empeño de hacerse francamente odiosos desde una edad muy temprana, los Virgo son los candidatos favoritos al ansiado «Premio al signo más impopular de la Galaxia».

Aunque ningún astrólogo serio ha determinado todavía con exactitud la posición planetaria que forjó el peculiar carácter de Virgo, generalmente se conviene en que Marte y Urano conspiraron juntos en el nacimiento de Virgo. Su conspiración produjo algunas características bastante malsanas, por no decir algo peor. La naturaleza hipocondríaca de los nativos de este signo los hace obsesivos con el aseo personal: no es de extrañar que el bidé fuera inventado por un Virgo veneciano en el siglo XVI.

No sólo están obsesionados por su propio aseo, sino que también lo están por la forma de sobrevivir a la Tercera Guerra Mundial. Una encuesta nacional reveló hace poco que un porcentaje muy alto de los Virgo tienen un refugio nuclear o se lo están construyendo. Reíd, reíd, dicen, pero no vengáis llorando a mi refugio cuando suene la alarma de explosión nuclear. La idea de un mundo postatómico Virgo donde la nación suiza (compuesta enteramente por personas Virgo) sobreviviría en pleno, junto con un surtido internacional de diseñadores de modas, peluqueros, dentistas y tipos raros, bastará para convencernos de que, de todas formas, no valdría la pena sobrevivir.

EL HOMBRE VIRGO

El sarcástico revisor de tren, el encargado del aparcamiento, el entrometido guía turístico y el hombrecillo mandón que le grita a la gente que se eche para atrás antes de que empiecen los fuegos artificiales son todos hombres Virgo.

Hay muchas posibilidades de que su peluquero local sea Virgo, y también hay alguna probabilidad de que sea más amanerado que un palomo cojo. Saque usted sus conclusiones. También es muy posible que, mientras le hurga en la boca, su dentista murmure algo sobre su nacimiento dominado por Mercurio y por la Tierra. Si usted trabaja en una oficina, sabe que cada vez que va al cuarto de baño ve a ese tío tan raro de contabilidad: es un hombre Virgo obsesionado con sus necesidades fisiológicas, y capaz de lavarse las manos más de diez veces al día.

Uno de los Virgo más infames fue Poncio Pilatos, afamado por su afición a lavarse las manos. Los historiadores contemporáneos hablan de la enorme vanidad de Pilatos, de sus sandalias de cuero muy relucientes y del pequeño estuche de aseo que siempre llevaba consigo. Pilatos marcó la tónica de los Virgo.

LA MUJER VIRGO

La mujer de la Sexta Casa de Mercurio depara grandes sorpresas al profano en astrología. Los elementos femeninos de Virgo, a la vez cambiantes y negativos, forman una combinación fuerte y picante. La mujer Virgo está muy contenta consigo misma, y muy descontenta con todos los demás. Si bien vive obsesionada por sí misma, carece de toda capacidad de autocrítica. Cuando quiere, tiene una lengua viperina, y le encanta hacer llorar a sus admiradores Piscis y Libra.

Los hombres que se casan con mujeres Virgo tardan bastante poco en comprender que han cometido un terrible error en su elección de pareja. Se puede decir que las mujeres Virgo inventaron el arte de regañar; no pueden vivir a treinta metros de una partícula de polvo, y exigen que la casa se limpie sin descanso hasta quedar impoluta. Las mujeres Virgo son las que le quitan a uno el cenicero para limpiarlo en cuanto se deposita en él una ceniza, las que colocan meticulosamente las revistas en montoncitos ordenados, leen el periódico con guantes (para no mancharse las manos de tinta) y decapan con ácido el borde del retrete de su casa.

Las monjas mandonas de los hospitales suelen ser Virgo, al igual que las profesionales duras y ambiciosas. También suelen serlo las guardias de tráfico de labios finos y apretados.

VIRGO Y EL SEXO

El hombre

Los deseos naturales o antinaturales de los Virgo se ven moderados por las implicaciones médicas que tiene la unión física estrecha con otra persona. Los Virgo tienen auténtica paranoia con las enfermedades, y llegan a extremos insospechados para averiguar la situación médica de su posible pareja. Así que tenga cuidado con ese hombre que se la queda mirando en una fiesta y luego se acerca furtivamente a pedirle una muestra de sangre: es un admirador Virgo que está cubriendo sus apuestas.

En el supuesto de que su amigo quede satisfecho con sus condiciones higiénicas, puede usted entrar en el juego. ¿Pero es el tipo de juego que le gusta? Muchos Virgo hacen el amor con blusa y pantalón verdes de cirujano y guantes de caucho. A veces insisten en lavarle los dientes a su pareja y en hacer gárgaras antes de besarla. Muy romántico. Una mujer Leo, entrevistada por Kinsey en 1948, relató la traumática experiencia sufrida cuando su novio Virgo le pasó la aspiradora por el cuerpo antes de hacer el amor. Los hombres Virgo suelen tener fantasías sobre las relaciones con enfermeras en clínicas.

La mujer

Tanto en la cama como fuera de ella, la mujer Virgo se pasa la vida regañando. Su desafortunado amante acaba preguntándose *qué demonios* hará bien. Las mujeres Virgo son sumamente críticas con las prestaciones de sus compañeros, y manifiestan su insatisfacción sin contemplaciones. En realidad, la experiencia del sexo con una mujer Virgo resulta bastante desconcertante, porque es probable que trate de hacer el amor y de cambiar las sábanas al mismo tiempo.

Como sucede con los signos de agua de orientación cardinal, la mujer Virgo está predispuesta a hacer el amor cerca del agua, o incluso dentro de ella. Si tiene mala suerte —y créame que la tiene si está con una mujer Virgo— podría acabar mirándola a los ojos metido en el agua del Cantábrico... un poco duro en invierno.

EL CONDUCTOR VIRGO

El conductor Virgo es un animal maniático que tiene que hacerlo todo conforme al Código de la Circulación. Si usted conduce, comprenderá que esto le hace sumamente peligroso, porque la obsesión por los detalles impide concentrarse en la posible aparición de peligros importantes.

Naturalmente el Virgo propietario de un automóvil tiene mucho empeño en llevar un coche inmaculado. De ahí se desprende que son clientes Virgo quienes mantienen el negocio de los túneles de lavado de coches, al igual que el de los fabricantes de ambientadores para el automóvil. Siempre se sabe dónde encontrar a un Virgo el domingo por la mañana: en el jardín del chalé de la sierra limpiando el motor. Si no está limpiando el motor, estará sacando brillo a los tapacubos, o restregando los ceniceros con estropajo de aluminio. En algunos casos extremos —nos referimos a una influencia de fase diurna— llegan a pasarle el aspirador al chasis.

VIRGO Y LA ROPA

El hombre

En una de las encuestas de mercado más penetrantes de la Asociación de Empresas de Tintorería y Limpieza en Seco, se descubrió que nada menos que el 48 por ciento de sus clientes varones eran Virgo. En su mayoría, éstos se contentaban con llevar toda la ropa al tinte una vez a la semana —incluidos calcetines y calzoncillos—, aunque una facción realmente dura del 2,5 por ciento pedía regularmente que les limpiaran en seco los zapatos.

Nunca encontrará a un hombre Virgo en una lavandería automática (por su potencial de contaminación de gérmenes); en cambio, su afición a la limpieza en seco se le nota en que siempre parece recién salido del tinte él mismo (alguna vez habrá visto a un Virgo envuelto en la bolsa de plástico de la tintorería para mancharse lo menos posible). Este hombre siente pasión por la raya de los pantalones y auténtica repulsión por las camisas sin planchar.

Howard Hughes —el hombre Virgo por antonomasia— iba calzado con cajas de Kleenex por su miedo paranoide a las infecciones.

La mujer

La mujer Virgo es tan obsesiva como su homólogo masculino en cuanto a la limpieza y a la higiene personal.

En efecto, tiene declarada una guerra constante a los olores corporales. Se compra botes de desodorante de tamaño industrial, que aplica generosamente a todas las partes de su anatomía. Tampoco soporta la vista del vello corporal: las axilas y las piernas de la mujer Virgo son grandes consumidoras de maquinillas de afeitar.

Su forma de maquillarse puede calificarse de «precisa», característica que se aprecia especialmente en la forma de perfilar los famosos labios delgados de Virgo. Muchas mujeres Virgo se ven confundidas con médicos por su afición a las batas blancas.

LAS COSAS FAVORITAS DE VIRGO

Los guantes de goma, Howard Hughes, Maquiavelo, los manuales de urbanidad, Ivan Lendl, las corbatas estrechas, el Ayatollah Jomeini, el título de *Lady España,* los estropajos de aluminio, Sergio y Estíbaliz, Paul Getty, las jeringas hipodérmicas, la limpieza en seco, el emperador Hirohito, *Pravda,* la prueba del algodón, *Diccionario de la salud,* las burbujas de los niños burbuja, los incineradores domésticos de basuras, los bidés, los presentadores del Telediario, Joan Crawford, *Mi lucha,* Martina Navratilova, Salieri, Eva Perón, el olor a formol, Pimpinela.

SU GUIA PARA EL AMOR: VIRGO

Virgo-Aries

Le encanta echar broncas a los demás, y tendrá muchas ocasiones de hacerlo en esta unión Marte/Mercurio. Su infantil pareja Aries necesita muchas regañinas y azotainas. Para usted será un placer darle ese gusto.

Virgo-Tauro

Muchas veces se ha escrito que Virgo carece totalmente de sentido del humor, y ésa es una cualidad que va a necesitar mucho si se decide por una pareja Tauro. Usted es bastante horrible, mientras que su pareja Tauro es increíblemente aburrida. Esta combinación presenta todos los problemas intergalácticos del mundo.

Virgo-Géminis

A primera vista, esta pareja Mercurio/Mercurio parece tener mucho a su favor. Pero su naturaleza suspicaz se centrará rápidamente en su poco honesta pareja cuando observe que van desapareciendo muchas de sus pertenencias más apreciadas.

Virgo-Cáncer

Aunque los dos son bastante cobardes, ahí se acaba todo el parecido. Virgo no es exactamente un signo *emotivo,* de donde se deduce que está usted especialmente poco preparado para manejar los frecuentes gritos y desvaríos de su pareja Cáncer. La combinación de planetas dominantes Mercurio/Luna no viene sino a empeorar un emparejamiento muy desafortunado.

Virgo-Leo

A Leo le gusta montar números de autobombo y de narcisismo, y usted también siente bastante satisfacción consigo mismo... así que esta relación va a tener problemas evidentes en el sector de la vanidad. Leo no se aficionará nunca a las regañinas ni a las críticas, ni tampoco se apiadará de usted cuando finja tener alguna enfermedad, cosa que hace el 90 por ciento del tiempo.

Virgo-Virgo

Por fin alguien que entiende a la perfección todos sus defectos. Es más bien tranquilizador estar con alguien que sabe lo hipercrítico, lo hipocrítico y lo hipocondríaco que puede llegar a ser.

Virgo-Libra

En esta pareja Mercurio/Venus, es Venus-Libra quien se lleva la peor parte. Libra es de una docilidad, de una volubilidad y de una indecisión tan irritantes que usted no podrá resistirse a darle unos cuantos revolcones con su lengüecita afilada. Esta es una relación de desesperanza.

Virgo-Escorpio

Usted pensaba que siempre tendría la última palabra hasta que conoció a Escorpio. Esta personalidad extraña, poderosa y rara dominada por Marte/Plutón siempre tiene que ganar. Usted sólo se pone muy suyo cuando los demás se dejan, así que en esta relación lleva las de perder.

Virgo-Sagitario

Su obsesión por el orden y por la pulcritud va a verse sometida a dura prueba con este patoso jupiteriano. Sagitario jugará a la pelota junto a sus porcelanas de Dresden y pisoteará sus perfectos bonsai sin darse ni cuenta. Pero luego no compensará tan patoso comportamiento con una agradable compañía: Sagitario es completamente estúpido.

Virgo-Capricornio

Los Capricornio son como el aceite en el agua: siempre tienen que llegar arriba. De su pareja, esperan un don de gentes que les ayude a ascender. Usted nunca ha conseguido dominar las reglas de la desenvoltura social, motivo por el cual su Capricornio se pondrá muy pronto a buscar otra pareja.

Virgo-Acuario

Su ideal de vida no es tener una enorme cuba de vino de lentejas fermentando en su impoluta cocina, tres toneladas de pegatinas de *¿Nuclear? No, gracias,* amontonadas en el cuarto de invitados y varios litros de consomé de yogur en la nevera. Piénseselo muy mucho antes de optar por una pareja Acuario.

Virgo-Piscis

Por lo menos, su naturaleza aguda, mordaz y crítica tiene un servil admirador: Piscis. Usted podrá pisotear sin miedo a su pareja Piscis con sus zapatos recién embetunados. El pobre nativo de Júpiter/Neptuno estará tan contento de tener compañía que aplaudirá cada uno de sus insultos con entusiasmo.

CUANDO UN VIRGO LE INVITE A CENAR

Por la escasa animación de su carácter, Virgo no es aficionado ni a asistir a cenas ni a darlas. Cuando organiza alguna, se las arregla para que sea una reunión tétrica en la que sus invitados se sientan lo más incómodos posible. En las fiestas de Virgo la conversación suele ser menos fluida que el pegamento.

Virgo suele seguir siempre algún tipo de dieta, y no es probable que esté dispuesto a pasarse a una alimentación medio normal por sus invitados de una noche. Si acepta la invitación de un Virgo, vaya dispuesto a todo y espérese las siguientes delicias gastronómicas:

Primer plato:
Zanahoria en cuadraditos.

Segundo plato:
Suflé de pan Toast sin sal.

Postre:
Crema catalana sin crema.

Queso:
Pan Toast sin sal y queso desnatado.

Bebida:
Agua mineral con gas.

LAS VACACIONES DE VIRGO

Las vacaciones ideales de Virgo son dos semanas de descanso en un balneario, donde pueda concentrarse totalmente en su bienestar físico. A la gente de los balnearios les encantan los hipocondríacos, sobre todo a 40.000 diarias.

Cuando no tienen bastante dinero para permitirse ese aislamiento y tienen que apuntarse a un viaje organizado, los Virgo lo pasan bastante mal. Sus compañeros de vacaciones deciden rápidamente buscar cualquier pretexto para excluir al extraño y criticón mercuriano de todas sus reuniones y actividades.

EL JEFE VIRGO

¿Recuerda cuando su madre le hacía quitarse los zapatos antes de entrar en casa? ¿Y cuando le obligaba a lavarse los dientes después de comer, a cepillarse las uñas y a peinarse? Pues es diez veces peor trabajar para un Virgo. Sólo puede comunicarse con su jefe por medio de un teléfono estéril. No tiene derecho a estornudar. Cierto que tendrá un seguro de enfermedad privado y recibirá su sueldo en francos suizos, pero no se le permitirá entrar en su propio despacho sin pasar primero por el túnel de lavado y por el baño desinfectante instalados en el pasillo. A menos que sea Virgo usted mismo, ponga pies en polvorosa.

EL EMPLEADO VIRGO

Hay que estar loco o ser Virgo, o las dos cosas a la vez (queja bastante corriente), para contratar un empleado Virgo. A usted le hizo gracia la payasada de que Virgo se presentara a la entrevista con una mascarilla antigás, pero, por desgracia, no se trataba de una broma. No se puede trabajar con un Virgo, por el simple motivo de que un Virgo no puede trabajar con nadie. Anule el contrato si puede, antes de que su local se convierta en un quirófano.

EL DIARIO DE SU CICLO SOLAR: VIRGO

24 de agosto-23 de septiembre

24 de agosto

Neptuno, Mercurio y Venus atraviesan la galaxia en dirección a una confrontación directa con Marte, y usted siente un terrible presentimiento.

25 de agosto

Se pasa todo el día atormentado por la sensación de que se aproxima un apocalipsis nuclear, y decide invertir en su sueño dorado: un «completo refugio atómico para construir usted mismo». Con una llamada telefónica a la compañía y el rápido envío de un cheque, deja el asunto zanjado.

26 de agosto

Urano y Venus están ahora quietos en su plano astral. Cada vez que ve la póliza del seguro que ha tenido el acierto de suscribir, se siente usted bastante satisfecho consigo mismo.

31 de agosto

Llega un enorme camión cargado con las piezas del refugio. Enrojecidos por el esfuerzo, seis hombres le llevan los módulos forrados de plomo a la parte de atrás del jardín (les sienta un poco mal que usted insista en que se quiten los zapatos para no mancharle la alfombra). Una vez amontonados los módulos en el césped, donde empiezan a hundirse gradualmente, el listillo del capataz le da el librito de las instrucciones y los hombres se marchan. Se lleva una alegría al leer que el refugio es eficaz a distancias superiores a los 150 kilómetros del centro de una explosión atómica («si no, le devolvemos su dinero»). Usted vive a 475 kilómetros del objetivo más cercano, así que se permite esbozar la sonrisa presuntuosa del superviviente nato.

9 de septiembre

Mercurio lleva unos días bailando literalmente de alegría en su plano astral. Usted ya ha comentado a todos los vecinos su nueva adquisición, que está tomando forma en el jardín de atrás.

11 de septiembre

Ya edificado el refugio y rellenado con cantidades industriales de comida en lata y ambientadores y un completo surtido de productos farmacéuticos, decide abrir de par en par las puertas de su casa para que sus vecinos puedan ser testigos de la suerte que tiene.

13 de septiembre

Cuidado, los planetas le reservan sorpresas desagradables.

14 de septiembre

El cartel colocado en la fachada de su casa *(Entre a conocer un refugio nuclear unipersonal)* no atrae a ningún visitante.

15 de septiembre

Todavía está preguntándose por qué no ha venido nadie a visitar su refugio cuando lee los titulares del diario local: «Construcción en la provincia de la mayor base de misiles transoceánicos del país.» Para mayor escarnio, se da cuenta de que la valla de la base pasa pegada a su refugio, y recuerda que sus probabilidades de supervivencia a menos de 150 kilómetros —ya no digamos metros— de ese objetivo ideal serán inferiores a cero.

MIRA
AQUÍ
COMO APOYAR
LAS COMUNAS FEMENINAS
AMAR LA BOMBA
A
EL CAPITAL
R
MI LUCHA
B
ALIMENTACION
I
DIETETICA
L

Libra

24 de septiembre-23 de octubre

«Ved cómo la balanza se inclina a uno y otro lado, deseosa de agradar a quien la mire.»

Oliver Goldsmith.

Cualquier Libra le dirá con toda sinceridad que el signo de la balanza es el más inteligente y el más bondadoso de la constelación y que, en cuanto a simpatía, tampoco tiene rival. Una de las características más agradables de los Libra es que le dicen a todo el mundo lo maravillosos y lo populares que son. «Soy una persona muy humana», dicen sin inmutarse, mientras los componentes del otrora animado corrillo se precipitan en busca de la salida. Si alguna vez Libra confiesa un pequeño defecto es el de pensarse mucho las decisiones, pero lo justifica con el argumento de que así lo exige el signo de la balanza, que obliga a sopesar cuidadosamente los pros y los contras de la vida diaria.

Los Libra tienen tendencia a exagerar en general y a exagerar su valía ante los demás en particular. Pero casi todo el mundo los considera como personajes más bien patéticos, con una incapacidad patológica para tomar decisiones rápidas. Hay que decir que hasta las decisiones más triviales —cómo elegir de qué lado de la cama se va a levantar por la mañana— suponen horribles problemas para el Libra tipo. También hay que decir que algunos Libra, nacidos en la cúspide de Urano, se vuelven testarudos como mulas cuando por fin consiguen tomar una decisión, y no la modifican a la ligera.

Otra de sus características, de la que los Libra no son demasiado aficionados a hablar, pero los demás sí, es su naturaleza parasitaria. Los nativos de este signo tienen una capacidad comprobada para mentir y halagar a los que ocupan posiciones de más poder que ellos mismos (es decir, casi todo el mundo). Es sabido que un alto porcentaje de los cortesanos de Luis XIV eran Libra, así como todos los portavoces de Richard Nixon durante el asunto Watergate.

La espantosa combinación Venus-Aire es la responsable de un rasgo de los Libra que ellos nunca reconocerán, pero que todos los astrólogos serios conocen: los nativos del signo de la balanza tienen siempre un fuerte rastro del sexo opuesto. Si bien son muy pocos los casos de auténtico hermafroditismo, muchos Libra tienen verdaderas dificultades para decidir a qué sexo pertenecen.

Aunque a veces tengan una brillantez superficial, en lo más hondo de su corazón Libra sabe que corre en la carrera de la vida con los cordones de los zapatos atados juntos. Si no consiguen caer bien a la gente a la que quieren impresionar, se pueden volver desagradables y agresivos. A unas alturas del año en que el invierno se acerca rápidamente, los modos triurnales son todos desfavorables a este tipo desafortunado.

EL HOMBRE LIBRA

El hombre Libra es un ser ansioso de que se le acepte en el mundo. Una consecuencia de ese intenso deseo de aceptación y popularidad es su legendaria credulidad. Esta última característica convierte al hombre Libra en un blanco ideal para las personas que dedican su vida a explotar al prójimo (Capricornio y Géminis, por dar dos ejemplos fáciles). ¡Cuántas veces se habrá convencido a un hombre Libra de «que ponga el dinero» en una empresa de diseño de neumáticos cuadrados para automóvil o en una fábrica de tostadores diesel! Un Libra de Lepe se separó hace poco de los ahorros de toda una vida para adquirir una participación importante en la infalible expansión de McDonald's en el mercado iraní.

No por escarnecido, insultado y ridiculizado, va a abandonar nuestro hombre Libra su búsqueda de la popularidad mundial. Los tíos indiscretos de los bares que, alzando su cerveza, dicen «salud» y «por ti, guapa» a personas a las que desconocen por completo suelen ser Libra: hacen de la afabilidad forzada su forma de vida. Asimismo, el agente teatral untuoso y el agregado de prensa excesivamente amable, el portavoz de la compañía y el hombre del traje brillante con caspa en los hombros también son Libra. ¡No te preocupes, chiquitín, que sí te queremos!

LA MUJER LIBRA

Dominada por el elemento femenino del Aire y empujada en la vida por la fuerza de Venus, la mujer Libra no podía sino pesar toda su existencia en la balanza del amor. Criada en la convicción de que es increíblemente atractiva para el otro sexo, la mujer Libra entra en la edad adulta con el corazón lleno de guiones de Corín Tellado y obcecada con el mundo maravilloso de los hombres. El mundo real de los hombres calvos y obesos que llevan años sin verse los pies, comen queso y aperitivos de cebolla, se tiran un pedo nada más levantarse y suelen mostrar bastante indiferencia después del primer encuentro íntimo les produce un choque verdaderamente traumático.

Este primer encontronazo con las realidades de la vida es el causante de que las mujeres Libra sientan tal determinación de que se fijen en ellas, no sólo por su cuerpo —como ocurre realmente—, sino también por su mente. La mujer de la Séptima Casa del Zodíaco tiene el signo femenino por excelencia, cuyo mensaje es «¡Mírame!». Para que se fijen en ella no sólo se pone ropa peligrosamente extravagante, sino que también procura llamar la atención con intervenciones señaladas en las conversaciones y en los debates. Por desgracia, su argumentación suele ser sumamente contradictoria. Si en una fiesta la misma mujer defiende a capa y espada la carrera del armamento nuclear —en voz bastante alta para que se fijen en ella— y, segundos después, proclama su hermanamiento con las mujeres de *Green Peace,* se trata sin duda de una mujer Libra. Ya sabe a quién le interesa evitar en esa velada.

Como ama de casa, la mujer Libra tiene malísima reputación. Siempre se pasa ampliamente del presupuesto mensual y su falta de seriedad le hace ocultar el polvo debajo de las alfombras, tanto en sentido literal como metafórico.

LIBRA Y EL SEXO

El hombre

En la presentación del carácter de Libra advertíamos claramente que estas personas tienen un fuerte componente del sexo opuesto, sobre todo los llamados «hombres» Libra. La mujer que se plantee entablar una relación con un «hombre» Libra debería comprobar si su futuro amiguito es hombre de verdad. A lo mejor no lo es. A lo mejor es mujer o, incluso peor, a la vez hombre y mujer. Sin embargo, hay que decir que la mayoría de los hombres Libra pertenecen —sorprendentemente— de verdad al género masculino, aunque tienden a exagerar mucho su atractivo para el otro sexo.

El arte de la seducción implica una serie de decisiones bastante rápidas, de donde se deduce que los hombres Libra tienen problemas en ese sector. Muchas de sus posibles novias han quedado decepcionadas por su precipitada manía de apagar las luces del restaurante donde están cenando y quitarse la ropa: se supone que esas cosas pasan luego, cuando pasan. El clásico problema del hombre Libra es su incapacidad para decidir en qué momento debe rodear a la chica con el brazo. Probablemente contará hasta su número de la suerte, y cuando lo haya hecho se pondrá a contar ovejas. En el mundo de Libra, siempre hay una razón para dejar las cosas para después. Aunque este hombre presume de empuje y de experiencia sexual, a la hora de la verdad cree que el *Kama Sutra* es un restaurante indio. Las mujeres que han superado la fase de ir al cine con un hombre Libra comentan su irritante costumbre de saludarlas nerviosamente con la mano cuando están en la cama.

La mujer

La mujer Libra llega a tales extremos para atraer al sexo opuesto que a veces se olvida de la prudencia más elemental y acaba metiéndose en situaciones peligrosas y sexualmente comprometidas. Cuando se encuentra a solas con un Capricornio o un Escorpio que la animan a ponerse un traje de gladiadora de caucho, es muy posible que se arrepienta de haber aceptado alegremente la invitación a esa fiesta tan rara. Más tarde, cuando esté sometida a una serie de movimientos acrobáticos y dolorosos con un tridente y una red, se arrepentirá todavía más..., pero será demasiado tarde.

La verdad es que las Casas VIII y XIII de Venus vinculan claramente a la mujer Libra con el mundo del amor. Sin embargo, carece de la mínima malicia necesaria para sobrevivir sin que la exploten en la selva sexual. Como observaba un Escorpio particularmente despiadado, «esta señora no sabe sobrevivir en el medio urbano..., no digamos en el cortesano».

Sociable, bastante crédula y terriblemente ansiosa de agradar, la mujer Libra es una pieza fácil de cobrar.

EL CONDUCTOR LIBRA

Es sabido que los Libra tienen grandes dificultades para conducir. En efecto, conducir requiere una serie de decisiones bastante elementales como frenar, poner las largas por la noche y dar al interruptor de los limpiaparabrisas cuando llueve. Un conductor Libra puede llegar a verse en la comprometida tesitura de dirigirse a 100 kilómetros por hora hacia un semáforo en rojo sin haber terminado de sopesar los pros y los contras de frenar. No hace falta ser una lumbrera para comprender que estas personas son conductores peligrosísimos y faltos de coordinación.

La encuesta sobre los exámenes de conducir celebrados en España en 1981 corroboró plenamente este juicio, al revelar que los Libra suspendían el examen con más frecuencia que ningún otro signo. En general, suspendían muy rápido porque no eran capaces de decidir: *a)* qué puerta del coche abrir; *b)* qué llave meter en el arranque, y *c)* si debían girar el volante al doblar una esquina.

Es relativamente fácil localizar a los pocos Libra que salen a la carretera sin la «L», porque les encanta saludar a los demás automovilistas. El adhesivo que llevan en la ventanilla de atrás dice algo alentador como «Soy Libra..., acérquese», o «Por favor, ayúdeme a conducir este coche». Desde luego, ¡qué signo más irritante!

LIBRA Y LA ROPA

El hombre

Si hay un hombre Libra a su alrededor, observará la presencia de una esclava de oro grabada con algún nombre como «Segis», o de unos zapatos bicolores y una chaqueta con solapas sorprendentemente generosas. En casos muy extremos, que requieren complejas combinaciones astrales en el nacimiento, observará con total asombro la presencia de un hombre vestido con un bañador con estampado de cebra. Los hombres Libra son capaces de colocarse una camiseta de «Yo amo Nueva York» aunque no hayan puesto nunca un pie en el Nuevo Mundo.

La mujer

La mujer Libra tiene gustos más o menos parecidos a los de su homólogo masculino en materia de vestuario. Le encanta que se fijen en ella; la verdad es que *necesita* que se fijen en ella, así que llegará muy lejos para conseguir la «mirada entusiasta» que ansía. No es de extrañar que tanto las medias de rejilla como la minifalda fueran inventadas por mujeres Libra. Una mujer Libra de Caracas fue la primera persona en ganar el lucrativo premio creado por un excéntrico millonario: conservar en el rostro 1,5 kilos de maquillaje durante más de veinticuatro horas sin dejar de correr de un lado para otro.

La mayoría de las mujeres Libra se estiran la piel cuando envejecen. Al tener la mitad de la cara grapada detrás de las orejas, sus rostros adquieren un aspecto bastante oriental. A las mujeres Libra ricas les apasiona llevar chihuahuas con abrigos y lacitos.

LAS COSAS FAVORITAS DE LIBRA

Alfonso Guerra, Mary Quant, los libros de autógrafos, Margaret Thatcher, el ballet clásico, Corín Tellado, la carrera de relaciones públicas, Mercedes Licer, el culturismo, Durán Durán, Miguel Bosé, Julio Iglesias, Demis Roussos, la cerveza light, los caracoles, Gary Hart, *Los ricos también lloran,* el pelo a cepillo, los cursos de cultura general, las zapatillas Nike, los bañadores Meyba, los Golf GTI, Oscar Wilde, Bibi Andersen.

SU GUIA PARA EL AMOR: LIBRA

Libra-Aries

Si sirve pasteles y promete llevar un prestidigitador, esta persona acudirá a todas sus fiestas y, dado el número de negativas que recibe, tiene que venirle bien. Aries le tiene a usted, como a cualquiera, por un ser terriblemente adulto. La combinación astral Venus-Marte viene a realzar aún más las soberbias perspectivas de esa relación.

Libra-Tauro

Los Tauro no sólo son fatuos, sino tremendamente aburridos. Los dos son capaces de ponerse muy testarudos llegado el caso, así que pueden esperarse grandes discusiones y peleas de esa relación. A lo mejor tiene que acostumbrarse a que su pareja Tauro le tire el *ABC* a la cabeza, mientras que el propio Tauro tendrá que acostumbrarse a que usted lo salpique todo de caspa cuando le dé una de sus rabietas.

El caso es que las posibilidades de éxito de esta relación están escritas en las estrellas: usted es Venus-Aire y Tauro es Venus-Tierra: un imposible cósmico.

Libra-Géminis

Los Géminis tienen mentalidad de delincuentes y le tomarán a beneficio de inventario. Al principio parecen tan simpáticos, tan interesados por su maravillosísima personalidad, que usted no empezará a desconfiar hasta que compruebe que sus ahorros han sido transferidos a una cuenta numerada de Brasil.

Libra-Cáncer

Todavía no se ha decidido del todo por su pareja Cáncer y, por una vez en su vida, su indecisión está justificada. Los Cáncer son personas totalmente temperamentales: en cuestión de segundos pasan de la euforia más absoluta a una rabieta desesperada por algún agravio imaginario. Sólo tiene que valorar que la gente le querrá todavía menos si arrastra consigo una pareja Cáncer.

Libra-Leo

Libra y Leo tienen en común un insaciable afán de popularidad, pero va a verse usted sometido a dura prueba por el insólito egoísmo de su pareja Leo. Su grito de «¡Miradme!» quedará ahogado por el rugido leonino de «¡Yo, mi, mío!».

Libra-Virgo

Los Virgo son personas quisquillosas con tendencias obsesivas. Usted es un ser bastante simplista en muchos aspectos, y va a encontrar difícil convivir con una persona que se envuelve en plástico alimentario para evitar el contacto con los gérmenes.

Libra-Libra

Se entienden el uno al otro, hasta cierto punto. Pero los Libra son capaces de negar sus peores defectos, y los dos tratarán —de forma un poco patética— de parecer personas sumamente decididas. Hay que decir que esta relación no es una posibilidad demasiado relajante.

Libra-Escorpio

Su pareja Escorpio no tendrá ninguna dificultad para hacerle recapacitar cuando cometa usted el menor desaguisado doméstico —sin duda le bastará con arrancarle una uña—, así que le conviene poner especial cuidado en hacerlo todo bien y, sobre todo, en no enfadarse ni volverse agresivo. Ni siquiera usted, con su ilimitada capacidad de entusiasmo, puede decir que le gusta que le torturen.

Libra-Sagitario

La total estupidez de su pareja Sagitario le asombrará primero y le alegrará después, cuando observe que ese pobre ser aplaude con entusiasmo todo lo que hace.

Libra-Capricornio

A usted le gustará convivir con un Capricornio, y probablemente ascender en la sociedad a lomos de su cabra trepadora. A Capricornio también le encanta convivir con Libra, por su talento para halagar a las personas que quiere impresionar. Esta unión tiene muy buenas perspectivas.

Libra-Acuario

Si se une a un Acuario, su vida puede adquirir la complejidad de un mal viaje. Su inconformista pareja es capaz de cualquier actividad rara de las que le molestan a usted de verdad, como experimentar con drogas espantosas, hacer pócimas de amor con ortigas o unirse a importantes grupos terroristas de izquierdas. Le esperan momentos fabulosos, Libra.

Libra-Piscis

Una unión Venus-Júpiter-Neptuno. Esta combinación astrológica le parecerá impresionante hasta que comprenda que se ha emparejado con una persona a la que difícilmente puede calificarse de «ser humano», término que haría creer que los Piscis tienen una chispa de humanidad, lo cual es totalmente incierto.

CUANDO UN LIBRA LE INVITE A CENAR

Siempre pendientes de los índices de popularidad, los nacidos bajo el signo de la balanza invitan a menudo a su casa. Tanto para el Libra pobre como para el rico, con mucho presupuesto o con poco, las fiestas son una necesidad apremiante.

Sin embargo, su indecisión habitual se hace más patente en la cocina. La mayoría de los cocineros Libra están muy inseguros de los ingredientes que deben ponerle a la comida, así que es probable que todavía estén dando vueltas como pájaros mareados segundos antes de que lleguen los invitados, se sientan embargados por el pánico y echen todo un surtido de ingredientes a la cazuela en un tiempo récord. Con toda probabilidad, así es como vive la experiencia culinaria el nativo de este signo. Suscriba ahora mismo un seguro de vida si va a cenar a casa de un Libra.

Primer plato:

Sopa de cebolla... ¿o era de zanahorias? Bueno, en realidad lleva un poco de las dos cosas; siento lo del flanín.

Segundo plato:

Pato al pollo. En cualquier caso, algún tipo de ave. Siento lo de las plumas.

Postre:

Mus de chocolate. No encontré chocolate, pero creo que estará rico.

Bebida:

Lo que quieran: no me decidí por ninguna marca de vino, así que aquí tienen una caña de Bailey's.

LAS VACACIONES DE LIBRA

Libra es el cliente ideal de cualquier agencia de viajes. Como pospone la decisión del lugar de sus vacaciones hasta el último minuto, el agente puede hacerse el duro y endosar al crédulo Libra con toda tranquilidad los viajes que no quiere nadie. Un Libra puede pasarse las vacaciones en un circuito por las zonas monumentales de Zimbabwe o en un cursillo de esquí acuático en Islandia en noviembre, pero lo más probable es que las pase en un hotel del interior con instalaciones sanitarias medievales y «rápido acceso a la red de transportes local» (el viajero más avezado sabrá que eso significa que el hotel se encuentra en el área de descanso de una autopista). Pero, como siempre le tiene que gustar todo, el Libra contará a su vuelta que el hotel era «fabuloso».

Al alejarse el eje Marte-Venus del equinoccio diurno (como es probable durante los meses de verano), en la época de las vacaciones Libra está más ansioso que nunca de que le acepten los demás. Esta es la persona que le presta el aceite bronceador, le invita a un par de cervezas —hasta le da dinero— y le pregunta luego qué piensan hacer esta noche usted y su grupo de amigos. Evitarle a él, eso es lo que piensan hacer.

EL JEFE LIBRA

Muy pocos Libra llegan a un nivel profesional bastante alto como para dar trabajo a los demás. Los que llegan tienen pocas probabilidades de conservar mucho tiempo el puesto. Evidentemente, su incapacidad para tomar decisiones rápidas es un hándicap tremendo en el mundo de los negocios. Un «ejecutivo» Libra (es decir, una persona que toma decisiones) es una contradicción en sí.

EL EMPLEADO LIBRA

Gracias a su encanto superficial, Libra puede engañar a un entrevistador que no sea demasiado perceptivo ni inteligente —Sagitario o Tauro, por ejemplo— para que le dé trabajo. Muy pronto, la irresponsabilidad latente de su signo sale a relucir. Libra es capaz de revelar a una organización rival los secretos más celosamente ocultos de la firma, o de avalar con la totalidad de los beneficios de la compañía a alguien que ha estado amable con él, o simplemente de tirar a la basura todo el correo que llegue sin leerlo. Si ha sido lo bastante estúpido para dar trabajo a esa persona, se merece todo lo que se le viene encima.

EL DIARIO DE SU CICLO SOLAR: LIBRA

24 de septiembre-23 de octubre

24 de septiembre

Este es su mes y usted sabe perfectamente que todo el mundo va a quererle y a admirarle por ser una persona tan maravillosa. Como ha decidido dominar su indecisión a partir de hoy, tarda sólo quince minutos en decidir por qué lado de la cama se va a levantar, tres minutos en meter el pie izquierdo en el zapato izquierdo —todo un récord para usted— y dos minutos más en decidir qué pie va a meter en el otro.

27 de septiembre

Como Saturno y Urano se deslizan seductoramente hacia la morada de Libra en la galaxia, usted piensa con razón que es buen momento para desarrollar su vida amorosa. Sin embargo, sepa que no debe creerse todo lo que le digan en los próximos días.

29 de septiembre

Saturno y Urano hacen de anfitriones de un invitado sorpresa: Venus. ¡Ahora sí que puede jugar fuerte en amor!

1 de octubre

Un conocido Aries se pone en contacto con usted. Le ha fallado un invitado para la fiesta que da mañana, ¿le gustaría venir? ¡Claro que le gustaría, si se apunta usted a un bombardeo!

2 de octubre

En la fiesta se presenta por lo menos dos veces a todos los demás invitados. Al cabo de un rato, se sienta junto a usted una persona del sexo contrario sumamente atractiva. En la conversación sale el tema de las vacaciones... Parece que su acompañante es un pez gordo del negocio turístico. Esta persona maravillosa conoce algunos cruceros de vuelta al mundo a un precio increíblemente bueno. ¿Acaso le interesaría? Usted pone mucho interés en fijar una cita pronto para comprar el billete del crucero y, ya que está, para aprovechar las posibilidades amorosas de este afortunado encuentro.

6 de octubre

Saturno y Urano siguen controlando su destino con mano firme, pero hay un signo de advertencia: Venus ha desaparecido tan rápido como llegó.

10 de octubre

Un extraño equinoccio diurno le augura cambios sísmicos en el futuro próximo si no extrema la prudencia.

13 de octubre

Es el día de la cita con esa persona tan atractiva de la agencia de viajes. Después de una cena en un restaurante discreto, esa persona acepta su invitación locamente atrevida a ir a su apartamento a «tomar una copa».

14 de octubre

Todavía no puede creerse lo que pasó anoche. Esa persona de la que tanto esperaba le convenció de que le pagara 300.000 pesetas en efectivo para el billete del crucero, y le dio la dirección en que debía recogerlo. Una vez resuelto esto, se resistió firmemente a sus ulteriores avances amorosos y se marchó murmurando no sé qué sobre la caspa. Tal vez haya perdido un posible amor, pero ha conseguido unas vacaciones tiradas de precio.

17 de octubre

Rebosante de entusiasmo y de imágenes de playas bordeadas de palmeras, se anima por fin a ir a recoger el billete y descubre, con un sentimiento creciente de histeria, que la dirección era falsa.

ESCORPIO

Escorpio

24 de octubre-22 de noviembre

«En la cola, una ponzoña despiadada.»
Orestes.

Los Escorpio cuentan con el respeto de los demás. Ese respeto se basa en la legendaria lealtad de Escorpio, en su tranquilidad, en su tolerancia y en su don de gentes (la brillante estrella simbólica de Antares domina este signo). Escorpio tiene nueve fuegos espirituales, y cada uno de ellos aporta algo distinto a su sorprendente carácter. Si en el momento del nacimiento se ha dado una confluencia de Acuario, Géminis y Leo, Escorpio se convierte en una persona *muy* especial. Los Escorpio nacidos con esa combinación celeste —y, lo crea o no, hay unos cuantos— son seres increíblemente especiales.

Los lectores Escorpio habrán disfrutado con el párrafo anterior. Su orgullo y su egocentrismo congénitos les habrán hecho creerse esa descripción a pies juntillas. Pero los demás conocemos algo mejor a ese «ser tan evolucionado». En opinión de mucha gente, las características más notables de Escorpio son su asombrosa crueldad, su indiferencia y la felicidad que le proporciona destruir a quien se ponga en su camino. Esa necesidad de hacer daño se manifiesta desde una edad muy temprana. Sin duda recordarán ustedes a algún niñito Escorpio encorvado sobre una mosca sin alas en el patio de la escuela, o a alguna niña Escorpio a la que le encantara clavar alfileres a las muñecas y hacer colecciones de mariposas para la profesora de Biología. Esas actividades son inofensivas por comparación con las del Escorpio adulto, cuya tónica es el empleo de la violencia calculada con otros seres humanos y no con insectos, y el uso de instrumentos de tortura más refinados que los alfileres.

Escorpio anhela llegar al poder con el propósito de usarlo como trampolín para dar rienda suelta a sus extrañas aficiones. Su ideal es dirigir un amplio consorcio internacional donde tenga oportunidad diaria de machacar a los que estén por debajo de él. Pero —como el poder está muy solicitado— no siempre consigue actuar desde niveles tan encumbrados. Aunque hemos de hacer una advertencia: no subestime nunca la fuerza de la malicia y de la perversidad del Escorpio medio, sea empleadillo de banca, guardia de tráfico, diplomático del Tercer Mundo o mercenario (especialmente en este último caso).

Es sabido que la mayoría de los presidentes de los Estados Unidos fueron Escorpio, que aprovechaban esa plataforma ideal para lanzar sus iras contra los demás. Sin embargo, resulta tranquilizador el hecho de que muchos de estos presidentes fueran asesinados durante el ejercicio de su cargo (si bien resulta algo menos tranquilizador el de que sus asesinos fueran todos Escorpio).

La mayoría de las personas coinciden en que los Escorpio son bastante desagradables y en que el mundo sería un lugar mejor si no existieran. Precisamente con ese fin se inició, hace ahora treinta y cinco años, una pequeña operación clandestina: Once Signos para la Erradicación de Escorpio (OSEE). Hasta la fecha su éxito no ha sido pasmoso, aunque los destrozados vestigios de la organización siguen en activo y publicando el boletín mensual *El Escorpicida Ilustrado* desde una dirección secreta de Hospitalet.

EL HOMBRE ESCORPIO

Después de leer la presentación del carácter de Escorpio con creciente preocupación, sin duda tendrá usted interés en saber cómo se reconoce rápidamente a un varón Escorpio para evitarlo.

Los hombres Escorpio suelen ser altos, aunque alguno que otro sale sumamente bajito (hay muy pocos de estatura normal). Por lo general, los bajitos parecen saltamontes vestidos de persona: brazos y piernas larguiruchos, y grandes cabezas con saltones ojos azules (un rasgo corriente de los Escorpio). El clásico Escorpio de ese tipo es Josef Goebbels, el siniestro ministro de propaganda de Hitler. No subestime a los Escorpio bajitos, que pueden ser bastante mortíferos..., sobre todo en los *bunker*. También pueden ser de una eficacia mortal en los juegos de competición donde la gente bajita se ve favorecida.

La otra variedad, la de los Escorpio altos, es bastante aterradora. Casi nunca parpadean. Cuando participan en un deporte, tienen que ganar. Sus trajes están bien cortados. En el bolsillo llevan navaja automática. Sus zapatos siempre están relucientes. Estos hombres son grandes intrigantes. Estos hombres son personas a las que debe evitarse a toda costa.

LA MUJER ESCORPIO

Imagínese que es usted un cachorro de dálmata (tal vez le resulte difícil, pero inténtelo). A usted le gusta tener piel, pero, aunque parece absurdo, hay otra persona que la quiere. Esa persona es Cruella de Ville, que es el arquetipo de la mujer Escorpio.

Por más que sepamos que las mujeres Escorpio son auténticas arpías, hemos de reconocer que muchas de ellas son físicamente atractivas. Pero hacemos desde aquí una advertencia a todos los lectores masculinos: corre un enorme riesgo saliendo con una mujer Escorpio. Es fácil que, cuando despierte de un sueño inducido a la mañana siguiente, descubra la desaparición de una parte vital de su anatomía.

ESCORPIO Y EL SEXO

El hombre

Al hombre Escorpio le encanta el sexo. En eso no es demasiado distinto del resto de los hombres (salvo Piscis, desde luego, que no llega a probarlo nunca). Pero no se engañe, ¡oh inocente mujer Libra o Acuario!, pensando que, al encantarle el sexo, le va a encantar usted por la misma ocasión. Nada más lejos de la verdad. Los hombres plutonianos tienen una afición sorprendente —casi obsesiva— a los tipos más extraños de experimentos sexuales.

A Escorpio le encanta cebarse en hembras de especies más débiles, a las que hace creer fácilmente que sólo es un forofo del atletismo hasta que baja un par de poleas a la altura de la cama y saca un látigo de megavoltaje. Lo único que puede hacer usted es pedirle a Dios que haya un apagón.

La mujer

Muchos de los hombres que llegan al final de los quince asaltos cuerpo a cuerpo con una mujer Escorpio pierden el pelo, y también la confianza en sí mismos. Hay que ser tan ignorante como Sagitario, que no tiene una noción clara de los umbrales del dolor, para tomarse sus proposiciones con alborozo.

Los ex novios de mujeres Escorpio que han llegado a recuperar el habla, si no el cabello, relatan que la experiencia no es muy distinta de la de correr 100 kilómetros sobre ascuas y entre latigazos. Por lo tanto, le desaconsejamos firmemente la experiencia del sexo con una mujer plutoniana, a menos que sea usted Sagitario. Si lo es, adelante, empuñe el arco y la flecha y presente batalla. Que gane el mejor.

EL CONDUCTOR ESCORPIO

Si adelanta a un conductor Escorpio, sepa usted que asume un grave riesgo. Lo más probable es que el vehículo de Escorpio esté equipado con espolones que le desgarrarán los neumáticos. En efecto, estos conductores toman terribles represalias si no se les trata como dueños absolutos de la carretera. Muchos automovilistas Escorpio van a 80 kilómetros por hora en la carretera, donde causan enormes colas de Piscis, Virgo y Acuario, demasiado aterrorizados para adelantarlos.

Los Escorpio van mucho a las playas de Alicante en invierno: les encanta pegar sustos de muerte a los ancianos que cruzan la calle despacito.

ESCORPIO Y LA ROPA

El hombre

Al hombre Escorpio le encanta el negro... ¡hasta para los calzoncillos! Le va el «look» encapuchado negro, y el último grito de la elegancia Escorpio: el traje de submarinista.

Algunos hombres Escorpio reprimen —de día— esos impulsos, y llevan ropas relativamente convencionales. Pero no se engañe; el hombre Escorpio tiene siempre un toque de vividor coqueto y cruel, y es incapaz de resistirse a la tentación de ponerse guapo.

La mujer

El color primario de la mujer Escorpio, al igual que el del hombre, es el negro. El estilo «mujer fatal» (estrictamente reservado a las de menos de diez arrobas de peso) es bastante popular entre estas mujeres: guantes hasta el codo, boquilla (para las no fumadoras), cadenitas de oro en los *dos* tobillos y pamela negra. Las Escorpio de peso comprendido entre las diez arrobas y las veinticinco suelen adoptar las mismas técnicas de vestir, aunque en su caso no se consideran sensacionalmente atractivas.

LAS COSAS FAVORITAS DE ESCORPIO

Adolfo Hitler, Rambo, el marqués de Sade, los espectáculos punk, el general Pinochet, Calígula, el Ministerio de Hacienda, la dulce Neus, el potro de tortura, el ácido sulfúrico, el sexo sadomasoquista, Enrique VIII, las casquerías, Lucrecia Borgia, el borceguí de hierro, José Stalin, Jack el Destripador, la Inquisición, Javier Gurruchaga, la cirugía, J. R. Ewing.

SU GUIA PARA EL AMOR: ESCORPIO

Escorpio-Aries

Su elemento es el Fuego y su aspecto fijo es Herbicida, lo cual no le plantea problemas para manejar la volátil mezcla de Fuego y Aire del inmaduro Aries. Su pareja Aries se portará mal con frecuencia, y usted tendrá que castigarla a irse a la cama con unos buenos azotes, propinados de preferencia con un martillo bien fuerte.

Escorpio-Tauro

Usted es un sádico dinámico con tendencia a la tortura física y mental... ¿y va a formar pareja con un auténtico muermo? ¡Olvídelo!

Escorpio-Géminis

En esta combinación muy rica Mercurio-Marte-Plutón se dan todos los ingredientes de una relación cariñosa y apasionada. Mientras su pareja Géminis languidezca en el ala de alta seguridad del penal de Santa María, tendrá usted ocasión de demostrarle lo cariñoso y lo apasionado de su carácter mandándole, por ejemplo, christmas en agosto (con el texto «Los dos te felicitamos de todo corazón»).

Escorpio-Cáncer

A todas luces, Herbicida-Pepsi es una mezcla bastante letal. Esta podría ser una relación sorprendentemente venenosa, como a usted le gusta.

Escorpio-Leo

Leo es un signo muy egocéntrico y vanidoso hasta decir basta, así que aquí hay campo abonado para gastar las bromas pesadas que tanto le gustan, como vestir a su pareja Leo de lástex dorado para asistir a la fiesta del santo del Rey.

Escorpio-Virgo

Virgo, que tiene una fuerte influencia de Mercurio, es un signo muy hipocondríaco con verdadera manía por la limpieza. Usted mismo tiene bastantes manías, pero llevar las manos limpias no es una de ellas. Esta persona le irritará muy pronto.

Escorpio-Libra

Los Libra son víctimas ideales para la explotación, y eso es todo lo que a usted le interesa en la vida. Esta podría ser una pareja muy feliz.

Escorpio-Escorpio

Sólo su pareja Escorpio puede conocer la magnitud de su malevolencia y, como se percatarán de esto en una fase temprana de su relación, deberían firmar una tregua el uno con el otro y dedicarse a ser profundamente desagradables con los demás.

Escorpio-Sagitario

Usted tiene una mente rápida y mortífera, mientras que su pareja Sagitario es una persona completamente estúpida. Un buen punto a favor de esta pareja: puede llegar al asesinato en esta relación. Un punto en contra: acabar con Sagitario va a ser tan fácil que no le reportará ninguna satisfacción mental.

Escorpio-Capricornio

El planeta dominante de Capricornio es Saturno, su elemento dinámico la Tierra, y su aspecto astral fijo un Golf descapotable. Al cabo de un tiempo acabará odiando bastante a su pareja Capricornio.

Escorpio-Acuario

Este es el amanecer de la era de Acuario, dice la canción. Pero ya lleva amaneciendo unos cuantos decenios sin que se aprecie ningún signo visible de la salida del sol. Esta es una relación entre dos personas incompatibles: un intrigante como usted no puede emparejarse con un soñador incurable.

Escorpio-Piscis

En esta relación, hasta el Escorpio medio encontrará oportunidades a millares de pisotear uno de los felpudos naturales de este mundo.

CUANDO UN ESCORPIO LE INVITE A CENAR

Cuando le invite un Escorpio, no espere comer natillas caseras. En realidad, no espere siquiera sobrevivir a la comida, ya que muchos Escorpio se dan el perverso placer de envenenar a sus invitados. En las cenas de Escorpio es clásico que los invitados se desplomen boca abajo con la cara en el plato de sopa, o atraviesen la habitación iluminada con velas agarrándose el cuello segundos después de que el genial «mein anfitrión» pase una cajita de After Eight rociada de arsénico.

La gente que se atreve a acudir a una cena de Escorpio suele llevar consigo a un pequeño catador —generalmente Piscis o, aún mejor, Tauro— que se come *lo que le digan.*

Así que prepárese para el último experimento culinario de Escorpio:

Primer plato:

Sopa de anguila del Mar Muerto (el anfitrión hervirá las anguilas vivas ante sus atónitos invitados).

Segundo plato:

Cabezas de pollo rellenas a la vudú.

Postre:

Bombón helado al amonal.

Queso:

Queso etíope de serpiente.

Bebida:

Chianti a lo Borgia.

LAS VACACIONES DE ESCORPIO

Escorpio rara vez gasta en vacaciones el tiempo que puede aprovechar para hacer carrera. Pero cuando se toma un descanso, no hay en todo el reino animal criatura más repugnante ni más peligrosa que Escorpio «en vacances».

Siempre es un hombre Escorpio el que se ocupa de organizar la cola en el autoservicio del hotel de Mallorca; el que habla inglés a la perfección; el que consigue dar menos propina al taxista; el único turista al que nunca se ve con sandalias... La lista es interminable.

En resumen, consiguen distinguirse de la masa, incluso en unas vacaciones organizadas. Sus compañeros de vacaciones acaban por cogerles manía, pero también les cogen miedo.

EL JEFE ESCORPIO

Un jefe Escorpio pretende controlar y explotar a sus empleados. Usted tiene varias posibilidades, aunque ninguna fácil ni agradable:

a) envenenarle;
b) denunciar a ese sádico incansable a su sindicato;
c) conseguir otro trabajo.

EL EMPLEADO ESCORPIO

Si es usted jefe y tiene un empleado Escorpio, le bastará con invertir los papeles en el párrafo anterior.

EL DIARIO DE SU CICLO SOLAR: ESCORPIO

24 de octubre-22 de noviembre

24 de octubre

Hoy es el primer día de su ciclo solar. Para usted empiezan los días del Fénix triunfante. Pero no parece demasiado triunfal su actividad de patrullar por las calles de Madrid con el uniforme de guardia urbano. Se pasa el día poniendo multas de aparcamiento en los parabrisas y maltratando a los desdichados automovilistas suplicantes y empobrecidos.

25 de octubre

Segundo día de su ciclo solar. La noche pasada tuvo un sueño maravilloso en el que le hacían personalmente responsable de poner cepos a todos los vehículos del centro de Madrid.

29 de octubre

Marte está peleón, y el día se le anima desde por la mañana cuando encuentra un pretexto para armarle una bronca al repartidor del periódico. Cuando usted se marcha a trabajar, el hombre experimenta dificultades para respirar con ese periódico alojado en la garganta.

3 de noviembre

Hoy dedica el día a rebuscar malévolamente formas de vengarse del moreno diplomático libio del Mercedes gris que se empeña en ignorar sus multas de aparcamiento.

4 de noviembre

Gracias a los ejercicios de gimnasia que hace todos los días antes de desayunar, bate usted un récord histórico al cascar *dos* nueces entre las nalgas. Al entrar en el equinoccio cíclico tiene usted especial facilidad para las intrigas creativas.

5 de noviembre

Al divisar el ya familiar Mercedes aparcado en carga y descarga junto al Banco Habib, se dirige usted sin pérdida de tiempo a la cabina más cercana. La centralita del 091 transmite su llamada al servicio antiterrorista en cuestión de segundos. El responsable entiende perfectamente su explicación sobre un espectáculo de fuegos artificiales en el centro de Madrid y sobre un Mercedes con matrícula diplomática libia cargado de dinamita. Con una sonrisita en los labios, usted observa con gran satisfacción cómo la policía rodea al diplomático libio y se lo lleva en volandas hacia algún desagradable interrogatorio, mientras se desguaza cuidadosamente su coche.

9 de noviembre

La vida es más bien monótona desde que se quedó sin su libio.

15 de noviembre

Al pasar el equinoccio cíclico por sus últimas fases, la única perspectiva divertida que tiene es que *Armas y municiones* sale la semana que viene.

SAGITARIO

Sagitario

23 de noviembre-21 de diciembre

«Tu arco se tensa.
Tu flecha rasga el aire
Tu pie ya está herido.»

Johannes Greggins.

Veamos las características de Sagitario, dominado por Júpiter y ocupante de la Novena Casa del Zodíaco. Los nativos de este signo son fuertes, honrados y constantes. Tal vez les falte delicadeza, pero su sinceridad es muy agradable. Aunque no son intelectuales, su sencilla sabiduría tiene más valor para sus amigos que todas las disquisiciones filosóficas del mundo. Cordiales, afectuosamente efusivos, llenos de energía y lealtad, y de un valor intrépido cuando hace falta. Bien..., quítese las gafas color de rosa y, sólo por una vez, enfréntese a una realidad difícil de enfrentar. Los Sagitario son zafios, toscos, espesos, faltos de tacto y totalmente impresentables en la sociedad civilizada. Sagitario es el signo del arquero, mitad hombre y mitad caballo. Muchas personas encuentran difícil distinguir entre las dos mitades.

Los Sagitario rompen las cosas, generalmente sin querer, y a veces queriendo. Tiran la tele por la ventana cuando no les gusta cómo ha terminado un partido, y destrozan los collares que sus torpes dedos no consiguen abrochar. Sagitario suele pisar las cacas de perro por la calle. Se choca contra los floreros, le pisa a uno los dedos del pie, le da un puñetazo cariñoso en el hombro cuando lleva una bandeja con vasos, se sienta encima del gato, se cae de sus tacones altos, se estrella con el coche en su cuarto de estar... Y nunca pide perdón. Por otra parte, los nacidos bajo el signo del arquero son muy aficionados al deporte. Los juegos de equipo y las «grandes juergas» de después de los partidos les dan seguridad. Les encanta cantar en los autocares, vaciar latas de cerveza en la cabeza de inocentes transeúntes y acusar al prójimo de ser un aguafiestas. El 92 por 100 de los miembros de las peñas deportivas son Sagitario, y un porcentaje muy parecido de boy-scouts y guías desarrollan con empeño sus actividades bajo el signo del arco y la flecha. Para muchos Sagitario, la experiencia más intensa y artística de la vida se produce alrededor de un fuego de campamento. Para otros, la lectura de Marcial Lafuente Estefanía en el dormitorio después de un rudo partido es un momento de sublime penetración en los misterios del comportamiento humano.

¿Para qué queremos sagitarios en este mundo?

EL HOMBRE SAGITARIO

En la playa hay un hombre tan cubierto de pelo negro y rizado que parece que va disfrazado de gorila. Tiene pelo hasta en los hombros. Su cuerpo en forma de barril no le impide contonearse con un bañador tipo braguita. Algún despistado podría tomarlo por un Leo presumiendo, pero se equivocaría. No lleva cadenas de oro. Este hombre no presume, sino que disfruta de sí mismo y de su poco atractivo cuerpo. La vacuidad total de su expresión, la completa estupidez de su comportamiento indican que es Sagitario. Ahora dará una patada a la arena y se la tirará a la cara.

Los hombres Sagitario no son presumidos. En realidad, son más bien personas solitarias. Su torpeza puede ocultar complejos problemas de personalidad. La mayoría de los nativos del signo siguen vírgenes a los treinta años. Viven solos y angustiados. Pero se siguen considerando como «uno de la panda». Cualquier Sagitario le dirá que tiene una panda como si eso fuera motivo de gran orgullo y, cuando está con la panda, resulta inconfundible. No se le ocurre nada mejor que dar grandes palmadas en la espalda a todos los demás y ponerle la zancadilla a la gente en las duchas después del partido (comportamiento molesto cuando el equipo acaba de perder, y Sagitario es uno de los grandes perdedores de este mundo), conducir tipo «rally» por las calles de las urbanizaciones, «irse de caza» con arco, flecha y ametralladora por Africa o, si le da por ahí, a un parque municipal: un auténtico plomazo. Además, es basto y tiene tendencia a beber demasiado y a vomitar luego en los restaurantes chinos. Le entusiasman los cursos de «supervivencia» y se gasta un dineral en asistir a clases ridículas donde unos supuestos ex monitores de las fuerzas especiales del ejército pretenden enseñarle a cazar conejos y a rematar ancianas cuando explote «la gorda».

Muy pocas veces la carta de Sagitario se ve afectada por el paso de Venus junto a Júpiter y se produce una cosa extraña: un Sagitario que no es aficionado al deporte. Este desgraciado no tiene por dónde agarrarlo.

Los hombres Sagitario, deportistas o no, tienen grandes dificultades para salir de las cabinas de teléfono y de las puertas giratorias. Ahora se sabe que nada menos que el 80 por 100 de los «kamikazes» de la Segunda Guerra Mundial fueron Sagitario. Sus jefes les ordenaron que pasaran a través de los objetivos enemigos para volver a casa. No se puede acusar a los Sagitario de ser demasiado inteligentes.

LA MUJER SAGITARIO

El tipo más corriente de mujer Sagitario, que tiene a Júpiter en el punto muerto de una carta astral aburridísima, es una auténtica catástrofe con patas. Y, lo que es más grave, con patas embutidas en un par de zapatos de cordones. A la chica Sagitario le va la vida campestre y sin complicaciones; su indumentaria favorita son las faldas de *tweed* con combinación. En el bolso lleva petaca de *whisky,* es muy entusiasta y nada inteligente, y sus conocidos suelen considerarla como una idiota inofensiva en el mejor de los casos, y, en el peor, como una pesada insoportable. Las aficiones de su *curriculum vitae* parecen el programa de estudios de una escuela naturista. Para esta mujer no hay más medio de transporte que la bicicleta. Aunque se lleva bien con los animales —especialmente con los perros, los halcones y los caballos—, no le ocurre lo mismo con los hombres. Tiene idea de que existe el sexo porque vio una pareja de ciervos en celo en una de sus vacaciones de *trekking,* pero no entiende a qué viene tanta historia. Le parece una cosa bastante incómoda, y no piensa dejar que nadie le desabroche el plumífero para semejante tontería, no señor. Le apetecería mucho más jugar a las películas en casa de unas amigas en el campo, o asistir un parto difícil de una yegua por la noche.

Cuando Júpiter se aleja de las posiciones medias en la carta astral de Sagitario, la influencia de Venus aumenta y se pierde buena parte de la afinidad con las actividades al aire libre. Desde luego, no se pierde el tradicional entusiasmo de Sagitario, unido a una ineptitud generalizada, si bien suele dirigirse a actividades menos deportivas, como el mundo del espectáculo. La corista talludita que, año tras año, ve que sacan a otras chicas del conjunto para convertirlas en estrellas mientras ella sigue esperando con una sonrisa es un tipo clásico de mujer Sagitario: la artista voluntariosa y sin talento. También lo son la desafinada imitadora de Shirley Bassey que canta a voz en grito en clubes de segunda categoría, y el 85 por 100 de las ayudantes de prestidigitador, a las que sierran dos veces al día por un sueldo irrisorio.

Las mujeres Sagitario empujan la puerta cuando dice «Tirar», juegan al golf en la nieve —con una pelota blanca— y son un engorro para cualquiera.

SAGITARIO Y EL SEXO

El hombre

A pesar de su viril amor al deporte y de sus bromas soeces, la mayoría de los hombres Sagitario tienen bastante miedo a las mujeres y al sexo. Algunos tienen entendido que hacer el amor antes de un partido debilita mucho, y como siempre hay un partido en perspectiva, nunca se deciden a comprobar la teoría. Otros sienten tal humillación cuando, a los trece años, una jovencita rechaza sus torpes insinuaciones que no se atreven nunca más a aventurarse en el misterioso mundo de las mujeres, y en todos los demás guateques de su vida prefieren quedarse en la cocina bebiendo cerveza y cantando el himno de su equipo. Los Sagitario «supervivencialistas» tienen una actitud algo más valiente con el bello sexo, pero ninguna mujer cuerda encuentra provocativas las explicaciones sobre la utilidad de un cuchillo mil usos y, al igual que sus hermanos deportistas, estos Sagitario acabarán retirándose tras sus gafas oscuras y se limitarán a contar batallitas sobre lo que podría haber pasado.

La mayoría de las personas que hayan sobrevivido al sexo con un hombre Sagitario le dirán que conducir no es lo único que hace a gran velocidad. Además, según parece, su pareja se queda con la sensación de salir de un combate de lucha libre. El Sagitario, por supuesto, *habría preferido* un combate de lucha libre (una cosa con reglas, con su ganador y su perdedor) a tratar de aprender este nuevo deporte, cuyo interés no acaba de captar.

La mujer

Aunque algunas madres puedan sentirse preocupadas por dejar a sus hijas en compañía de una mujer Sagitario, que camina a grandes zancadas, se viste casi como un hombre y pertenece a la federación local de atletismo, hay que decir que la mayoría de las moradoras de la Novena Casa del Zodíaco son estrictamente heterosexuales, si es que tienen algo de sexual. Muchas Sagitario piensan que el sexo no es demasiado agradable o, por lo menos, mucho menos agradable que un buen paseo con un perro. Si pretende seducir a una nativa de este signo, prepárese para la eventualidad de tener que impartir una pequeña clase de biología elemental; pero sepa usted que, aunque sus conocimientos eróticos hayan superado el nivel de la cigüeña, la mujer Sagitario suele seguir el principio de su signo: aguanta la adversidad con una sonrisa. Desprovista de toda imaginación y de una torpeza (nunca mejor dicho) dolorosa, pero siempre deseosa de hacer las cosas bien, la mujer Sagitario puede ser una bendición de Dios para el perverso Escorpio que la convence en un santiamén de que la práctica del calentamiento electroconvulsivo es absolutamente normal. Si pertenece usted a cualquier otro signo, el acto sexual con una mujer

Sagitario será uno de los acontecimientos más lamentables de su vida.

EL CONDUCTOR SAGITARIO

Cuando un Sagitario conduce, la carretera se le queda pequeña. Su vehículo ideal es una ranchera de tracción en las cuatro ruedas, con el asiento a cinco metros del suelo y equipado con un pequeño bazooka. Pero, en cualquier tipo de coche, Sagitario resulta peligroso. Sus grandes pies torpones siempre pisan el pedal que no es, sus manazas desgarbadas suelen estar puestas en un videojuego de bolsillo, cuando por lo menos una de ellas debería estar en el volante, de vez en cuando mira al retrovisor para echarse un vistazo al peinado o al maquillaje..., a la vez que va por la carretera a 120 kilómetros por hora. Los Sagitario que fuman son pocos: sus ceniceros están rebosantes de cerillas porque intentan encender con ellas el radiador. Los nativos de este signo no son demasiado listos. Su pegatina de coche favorita: «Diseñado por un genio, construido por un robot, conducido por un imbécil.»

SAGITARIO Y LA ROPA

El hombre

El Sagitario vestido para su pasatiempo preferido —la caza del ciervo en automóvil— es un espectáculo terrorífico. Uno tiene la impresión de ver en movimiento una tienda de excedentes del ejército, desde las botas de combate hasta la rodilla (con un compartimento secreto para el cuchillo mil usos) hasta la chaqueta de supervivencia con doscientos bolsillos (el anorak es demasiado convencional para Sagitario, que prefiere invertir en un sistema de supervivencia con calefacción especialmente creado para la policía sueca). Para el descanso le encanta ponerse unas zapatillas de deporte caras y unos pantalones cortos por encima del pantalón del chándal, conjunto que remata con una vieja camiseta de rugby y un jersey de golf que lleve la marca en la pechera. Cuando tiene que ir más vestido, se pone lo mismo, con un solo par de pantalones normales. Los Sagitario no tienen el menor gusto para vestir.

La mujer

Durante el fin de semana, la mujer Sagitario se coloca su trajecito de lana, unas medias Descanso tupiditas, unos zapatos cómodos y, para salir, una mochila de nailon. En su vestimenta de trabajo no hay que buscar coordinación de colores. En realidad, más vale no esperar ninguna coordinación de ningún tipo. Se sabe de algunas mujeres Sagitario que se ponen falda *y* pantalones los días de frío. Como ya habrán comprendido, la mujer Sagitario no tiene mucha idea de cómo se hace una atractiva a los ojos de los demás. A su juicio, la camiseta térmica es una prenda interior de lo más *sexy,* y si alguna vez causa una impresión favorable, será por casualidad: pocos hombres Capricornio son capaces de resistirse al espectáculo de una Sagitario corriendo por la calle con su pantalón de deporte del colegio.

LAS COSAS FAVORITAS DE SAGITARIO

Ronald Reagan, el perro de Lucky Luke, la mujer «Sección Femenina», *El precio justo,* Rambo, los tractores, el *Reader's Digest,* 007, los San Francisco, Idi Amín, los cursos de supervivencia, Perico Fernández, la revista *Aventura,* las bicicletas fijas, Sarah Ferguson; Atila, rey de los hunos; los pirómanos, los carritos de la compra, Rodríguez Sahagún, las películas de catástrofes, las reposiciones de *La casa de la pradera,* Eva Nasarre, Luis de Baviera, *Los mundos de Yupi,* los chándal, *As, Marca, Teledeporte,* la alfalfa, los coches 4×4, Brigitte Nielsen.

SU GUIA PARA EL AMOR: SAGITARIO

Sagitario-Aries

La de Júpiter y Marte nunca fue una conjunción muy afortunada, y usted no puede llevarse bien con un Aries mimoso, que estará demasiado flojucho para irse de *trekking* con usted en vacaciones, y demasiado poco animado para sentarse en primera fila del estadio el día de su gran partido. Más vale que lo olvide.

Sagitario-Tauro

Una unión Fuego-Tierra que podría incluso funcionar. Su amado Tauro es aburrido y convencional. Aunque usted es torpe y, en ocasiones, violento sin querer, no tendría nada de extraño que fueran socios del mismo club de golf. ¡Unidos por el deporte!

Sagitario-Géminis

Contra esta pareja militan todo tipo de conflictos planetarios, entre ellos la incompatibilidad fundamental de Marte con Mercurio. No es usted bastante listo para combatir los deshonestos planes que tiene este astuto delincuente para usted y para sus bienes.

Sagitario-Cáncer

Aunque las estrellas pudieran garantizar algún tipo de compatibilidad en esta pareja —cosa que, desde luego, no hacen—, un somero análisis de sus caracteres desaconsejaría radicalmente esta posibilidad. A usted le gusta beber en petaca, dar golpes en la espalda a sus amigos y hacer excursiones. A su eventual pareja le gusta sentarse delante de un ordenador con una bolsa de patatas fritas, y llora con mucha facilidad. ¡Más vale que se queden solos!

Sagitario-Leo

Tal vez crea que, como los dos son signos de Fuego, Leo va a querer estar con usted. Por desgracia, ese es un grave error: la conjunción importante es la de los planetas, el Sol y Júpiter, que a todas luces anuncia una catástrofe. El Sol brilla un millón de veces más que usted. El engreído Leo, al que tiene echado el ojo, no debe saber ni quién es usted. Lo que quiere Leo es amor, vida y mucha marcha. Ese no es exactamente su retrato, ¿verdad?

Sagitario-Virgo

¿Acaso se ha vuelto loco? Los Virgo se ponen histéricos si entra una mota de polvo por la puerta de su casa, sellada al vacío. ¿Se imagina la que se armaría cuando usted volviera de un paseo por el pantano y dejara huellas de barro por todo el suelo de la cocina? Puede probar, si quiere.

Sagitario-Libra

Usted no soportaría la indecisión venusiana de este individuo si estuviera en su equipo en un partido de rugby o de hockey. ¿Por qué cree que iba a aguantarla mejor en un partido amoroso?

Sagitario-Escorpio

La presencia de Plutón en la carta de un Escorpio dominado por Marte no hace más favorable su emparejamiento con Júpiter. Nunca es muy recomendable una relación con tan sádico personaje, pero en su caso lo es todavía menos. Usted es demasiado estúpido para hacerle frente. ¡Morirá!

Sagitario-Sagitario

He aquí una combinación bastante estúpida, en la que dominan menos los grandes planetas que el vacío aún más grande que los separa. Es verdad: podría haber elegido mucho peor que este otro Sagitario para caminar abrazados por el polideportivo. Si lo consiguen sin caerse, adelante.

Sagitario-Capricornio

Si no tiene usted grandes riquezas, es muy improbable que consiga atraer a este repugnante arribista.

Y si las tiene, no será por mucho tiempo, una vez que Capricornio ponga sus ganzúas en movimiento. No es usted bastante espabilado para este romance.

Sagitario-Acuario

Este emparejamiento uniría a Júpiter con Saturno y Urano, y si todos se comportaran (lo cual es mucho suponer), ustedes dos podrían encontrarse a gusto. Por ejemplo, Acuario es un enclenque que no querrá las páginas de deportes por la mañana, y usted es demasiado espeso para entender ninguna otra parte del periódico.

Sagitario-Piscis

La verdad es que es usted bastante payaso. Algunas personas le encuentran francamente desagradable, pero la mayoría se limita a reírse de usted. Todavía no es imposible que llegue a quererle alguien en algún lugar. Así que piénseselo bien antes de hacer una tontería, como liarse con un Piscis. Nadie necesita un Piscis, ni siquiera usted.

CUANDO UN SAGITARIO LE INVITE A CENAR

Cenar *chez* Sagitario será una experiencia única. Con toda la energía y la estupidez que le caracterizan, su lerdo anfitrión no escatimará esfuerzos para preparar una comida interesante. El genial payaso Sagitario aplastará los huevos en una mano, los dejará caer con cáscara y todo en un robot de cocina que se le caerá al suelo, y luego le hará reír con anécdotas de lo que tardó el faisán en morir en la minipímer y de lo barato que salió el vino en el supermercado.

Primer plato:

Paté de perdiz (mechado con perdigones).

Segundo plato:

Faisán crudo en puré.

Postre:

Brazo de gitano con pan duro (para tirárselo unos a otros).

LAS VACACIONES DE SAGITARIO

Para la mayoría de los varones Sagitario la vida es un gran curso de supervivencia, y nuestro zafio amigo pretende sacar nota durante sus dos semanas de vacaciones. No se cansa nunca de bajar peligrosos rápidos en canoa, ni de que le lancen por las cataratas del Niágara metido en un barril de cerveza. Muchos Sagitario deciden relajarse en un curso extraduro de supervivencia de dos semanas. Usted se lo puede encontrar en una noche oscura en la sierra de Gredos. Sólo le separan de la muerte por inanición una aguja, hilo, un cuchillo mil usos de seis pulgadas y usted. El hombre es cejijunto. Hace 23 grados bajo cero y usted se sorprende al observar que lleva pantalón corto. No podía imaginar que nadie pudiera tener tanto pelo en las piernas. ¿Que por qué lleva una mochila cargada con 70 kilos de piedras? Porque es un Sagitario de vacaciones, por eso.

Aunque no está tan obsesionada por la forma física como su homólogo masculino, la mujer Sagitario tampoco pasa nunca las vacaciones demasiado lejos de una tienda de campaña, un gran mazo para clavar los tirantes de la tienda y el tranquilizador tintineo de unas tarteras. Esta mujer siente gran respeto por el ozono y por las normas de protección del medio. Sus piernas robustas sin depilar la han llevado por algunos de los lugares más inhóspitos del mundo. Es capaz de esquilar una oveja en menos de dos minutos, trasegarse dieciséis jarras como el más hombre, abrirse camino con un machete y encender fuego frotando dos troncos de árbol. Es el tipo de chica fornida que le gustaría tener a su lado en un combate de lucha libre por parejas, pero ¿es el tipo de chica que le gustaría tener a su lado en vacaciones?

EL JEFE SAGITARIO

Si su jefe es Sagitario le acompañamos en el sentimiento (a menos que sea usted perro o caballo, en cuyo caso le damos la enhorabuena). Los Sagitario son de una incompetencia tan grande que no hay negocio que dure con uno de ellos a la cabeza. Pero si tiene usted tendencias delictivas, no debería costarle mucho quitar de en medio a ese idiota. Las estadísticas demuestran que la mayoría de las víctimas de estafas son Sagitario.

EL EMPLEADO SAGITARIO

Si ha llegado a este párrafo y todavía tiene un empleado Sagitario, es que usted mismo es Sagitario o tan apocado como para ser Piscis, Cáncer o Libra. Los Sagitario son la muerte de cualquier empresa. Estos individuos destrozan el material de oficina y los vehículos de la compañía. No entienden las órdenes más sencillas. Lo único que les interesa es tratar de organizar partidos de futbito a la hora de la comida. ¡A la calle con ellos, hombre!

EL DIARIO DE SU CICLO SOLAR: SAGITARIO

23 de noviembre-21 de diciembre

25 de noviembre

Júpiter se mueve en secreto por el tercer cuadrante, y usted es todo un deportista. No le sorprenderá demasiado, por tanto, que una persona a la que no ve desde hace siglos le pida que juegue la semana que viene con un equipo local de hockey bastante bueno. Se siente más bien halagado y se compra un palo nuevo.

26 de noviembre

Aún se siente halagado. En realidad, piensa tanto en el Gran Partido que se salta un semáforo y causa una colisión múltiple, como consecuencia de la cual su coche queda destrozado y un asilo de ancianos reducido a escombros.

27 de noviembre

Marte está próximo al borde de Venus. Le ponen en libertad bajo fianza y no tiene que presentarse a juicio hasta después del partido. Le da tiempo a limpiar su equipo.

1 de diciembre

Hoy es el gran día. Como pierde el autobús, tiene que ir andando al campo y llega bastante cansado. No debía haberse preocupado tanto. Sólo está de suplente. A los cinco minutos de empezar el partido le hacen un placaje fuerte al delantero centro y le parten una pierna. Usted empieza a quitarse el chándal y a calentar, pero observa con extrañeza que su equipo pone al portero de delantero centro y al delantero centro en el lugar del portero, después de entablillarle la pierna rota a un poste de la portería. Al final del primer tiempo su equipo va perdiendo por trece goles y por fin le llaman a usted: «Anda, acércate al bar y vete pidiendo que pongan cervezas a enfriar.»

3 de diciembre

Ahora que están Urano y las Navidades en el horizonte, le da cada vez más rabia no haberse enterado antes de la vieja costumbre de que los suplentes inviten a copas a los dos equipos, a todos los organizadores y a cualquier hincha —en este caso, cerca de cien— que quiera venirse al bar.

8 de diciembre

La carta que mandó a la compañía de seguros con el parte del accidente se le devuelve con la mención «Desconocido en esta dirección.» Ahora Marte domina todo su Zodíaco. No se ve a Júpiter por ningún lado.

12 de diciembre

El director de su banco tampoco había oído hablar nunca de esa norma de los suplentes y las bebidas. Usted se lo explica con cierta condescendencia.

15 de diciembre

Los del embargo tampoco la habían oído nunca.

17 de diciembre

Por fin una esperanza. En los comedores de las hermanitas de los pobres conoce a un hombre que tiene un soplo seguro para una carrera del jueves por la noche. Usted hace caso de sus consejos, vende su reloj y le da el dinero para que lo apueste por el caballo.

18 de diciembre

Inquieto por la posibilidad de que hayan atracado a su amigo al volver de la oficina de apuestas, se pone en contacto con la policía. Allí le indican que la próxima carrera nocturna no se correrá hasta el primer jueves del verano, y que las posibilidades de que su amigo —que de algún modo no llegó a darle su nombre— vuelva ese día con una bolsa llena de dinero son escasas.

20 de diciembre

Escribe una nota a Papá Noel —pidiéndole un reloj nuevo— y se la manda por la chimenea. Su casa se prende fuego, aunque ya no contenía gran cosa que pudiera arder.

21 de diciembre

Hoy se ve su juicio. Las perspectivas que se le presentan para el nuevo año no son buenas. La madre del magistrado vivía en la residencia de ancianos que usted destruyó.

JOVEN
MODELO
CAPRICORNIO
3ª
PLANTA

Capricornio

22 de diciembre-20 de enero

«Así como la noche sigue al día, así haré yo mi voluntad.»

Enrique III, parte I.

De la personalidad de Capricornio emana un aura de tranquila autoridad, una impresión de aristocracia y de poder. Regidos por el planeta Saturno, los nativos de este signo son respetuosos de la tradición y tienen grandes dotes para dirigir a los demás. ¡Qué cuidado han puesto en forjar esta imagen los nacidos bajo el signo de la cabra, tortuosos, sin escrúpulos, mentirosos y estafadores! ¡Con qué asiduidad tratan de fingir lo que no son, y qué obstinación ponen en conseguir lo que no les corresponde!

Capricornio es tal vez el signo más ambicioso y manipulador de todo el Zodíaco. Para estos arribistas sociales, el esnobismo es una virtud. Mentirosos y egoístas como nadie, son capaces de todo para progresar sin que les arredre llegar al crimen, ni siquiera al genocidio. Aunque se suele admitir que Jesús fue Capricornio, los astrólogos convienen en que la naturaleza divina de su nacimiento lo excluye de cualquiera de los cálculos habituales.

A una edad temprana el niño Capricornio expresa una crítica serena con respecto a sus padres, generalmente en el sentido de que desearía que fueran más ricos, más guapos y más interesantes. Esta precoz indicación de esnobismo se fortalece luego con la edad. Cuando el niño llega a una edad suficiente para robar monederos o echar azúcar en el depósito de la gasolina, ya se convierte en un pequeño Capricornio de verdad, y no siente sino desprecio por los esfuerzos que desplieguen sus padres para darle una educación sensata; en realidad ya está listo para convertirse en el perfecto Capricornio adulto. Ese Capricornio usará a los demás, los traicionará y los estafará. Si alguna vez se siente usted a un paso del abismo, no busque a su «amigo» Capricornio a su lado, sino detrás de usted. También merece la pena señalar que los Capricornio han pasado a la historia como el signo más cruel de la constelación.

EL HOMBRE CAPRICORNIO

Este tipo es peligroso y, a veces, difícil de identificar. Es posible que tarde usted en darse cuenta de que es Capricornio, porque le habrá mentido sobre su fecha de nacimiento, al igual que en todo lo demás. Le halagará para congraciarse con usted, pero cuidado: en cuanto se quede sin nada que dar, pasará a convertirse en basura para él.

Los hombres Capricornio se preparan diplomas falsos para colgarlos en la pared de su despacho. Hacen trampas en el juego, y muchos usan bisoñé cuando se quedan calvos. Si creen que es usted rico, famoso, o las dos cosas, son capaces de rebajarse a lo que sea con tal de entrar en su círculo. Pero si descubren que es usted menos rico o menos famoso de lo que creían, se tomarán una pronta venganza... violenta a veces, malévola siempre.

Algunos llevan chaqueta con piezas de cuero en los codos y circulan en Range Rover por las calles de la ciudad, con el propósito de aparentar que su estancia en la capital, donde viven como todo el mundo, no es sino una breve escapada de su imponente finca. Pero cualquier Sagitario criado en el campo se dará cuenta de que el supuesto enamorado de la caza y de la pesca parece tener un pánico mortal a los caniches y, visto de cerca, lleva la cartuchera del revés. Los hombres Capricornio no pagan nunca. Algunos tienen estudiado un numerito de desmayo para cuando les toca pagar una ronda. Otros llegan a coserse los bolsillos para que el acto de sacar dinero se vuelva físicamente imposible.

LA MUJER CAPRICORNIO

Aunque a veces la mujer Capricornio se presenta como un ser bondadoso y sacrificado, en realidad tiene exactamente la misma ansia de riquezas y de posición social que su homólogo masculino. Si piensa que usted puede servirle para llegar al sitio que ella considera que es el suyo —concretamente el asiento trasero de un Rolls-Royce, rodeada de bolsas de Armani—, es capaz de ofrecerle la Luna. Pero observe que en ningún momento llegará a dársela de verdad. La mujer Capricornio miente sobre su edad, sobre su pasado, sobre sus sentimientos, sobre su estado civil y sobre dónde estuvo anoche.

Para esta mujer lo fundamental es que la vean. Su máxima aspiración es salir en las páginas del *¡Hola!*, pero, como los planetas han conspirado para que un gran porcentaje de Capricornio forme parte integrante del batallón de los perdedores, en la mayoría de los casos tienen que contentarse con salir en las páginas del padrón municipal.

Al igual que sus homólogos masculinos, las mujeres Capricornio son notoriamente agarradas, y su maquillaje ultrabarato —a cuya compra son incapaces de resistirse aunque tengan un montón de dinero— es el que las hace parecer tan baratas ellas mismas. Las nativas de este signo son perfectas para el trabajo de las azafatas que hacen promoción de productos en los grandes almacenes.

CAPRICORNIO Y EL SEXO

El hombre

El hombre Capricornio, al igual que la mujer, suele sentir más interés por el lucro que por el sexo. Esas fotografías de Polaroid que le hace su novio en una velada romántica volverán a aparecer, y cuando reaparezcan le costarán dinero. El esnob que hay en todo hombre Capricornio se sentirá mucho más impresionado por su árbol genealógico que por su excitante cuerpo, pero es muy posible que el aprovechado que también hay en él considere que una noche en una casa calentita con desayuno gratis es el tipo de aliciente por el cual estaría dispuesto a lanzarse al delirio erótico.

Las mujeres casadas con hombres Capricornio relatan que sólo tienen la seguridad de que sus esposos actuarán románticamente una vez al año: el día del aniversario de su boda. Ese día, él llega pronto de la oficina y le propone a su señora que se vayan directamente a la cama, «como en los viejos tiempos». El plan no estaría mal si no fuera porque, a los diez minutos, el desgraciado se queda dormido como un leño. ¡Todo era una excusa para ahorrarse una invitación a cenar!

La mujer

No olvide que un Capricornio rara vez siente afecto verdadero por nadie y que, si duerme con usted, será para sacar dinero, prestigio, un ascenso, una presentación a su mejor amigo o un billete de avión a Marbella. Su entusiasmo por las relaciones físicas con usted irá en proporción con lo que tenga que ofrecerle financieramente. No queremos ni remotamente sugerir que las mujeres Capricornio se prostituyen por dinero, pero es sabido que tienen el sueño ligero y que es aburrido quedarse despierta toda la noche en una casa extraña. «¿Por qué no echar un vistazo a la casa?», piensan ellas. ¿Y qué mejor lugar para empezar la inspección que la cartera del amado adormecido?

A fin de cuentas, si usted es de las personas que tienen algo que desea una mujer Capricornio, es probable que sea usted de las personas que pueden permitirse ignorarla. Hágalo.

EL CONDUCTOR CAPRICORNIO

El coche de Capricornio suele ser nuevo, caro y llamativo. También suele ser robado o alquilado por horas. El astuto habitante de la Décima Casa siempre trata de impresionar a los demás con engaños. Fíjese en el vulgar eslogan pegado en el cristal de atrás del Mercedes de alquiler: «Mi otro coche es un Porsche.» ¿Y qué más, guapo?

Los Capricornio estiman que la carretera es una metáfora de la vida: sólo tienen que adelantar a todos los demás, cueste lo que cueste. Su forma de conducir, competitiva y malintencionada, sólo se modera cuando avistan un Rolls u otro coche más caro que el suyo. Entonces se vuelven de lo más amable.

CAPRICORNIO Y LA ROPA

El hombre

Los Capricornio son personas falsas y les gusta utilizar la ropa para aparentar lo que no son. Ya hemos hablado del estilo «finca solariega» adoptado por algunos Capricornio que, por razones que sólo ellos conocen, creen que pueden conseguir mejor sus ambiciones adoptando el mismo estilo que Mark Phillips. Otros prefieren el sobrio traje de ejecutivo. En las profesiones más serias que, después de todo, es de donde salen la mayoría de los grandes delincuentes del país, se cuentan bastantes Capricornio. Los que más éxito tienen son los que recuerdan quitarse las gafas de espejo dentro de las casas y se resignan a cambiar sus botos favoritos por un calzado más convencional.

Los hombres Capricornio que, en un descuido, dejan caer el disfraz, gastan cazadoras de ante, trajes blancos o espantosos abrigos de piel. En el fondo, unos horteras.

La mujer

La mujer Capricornio sale de las *boutiques* cargada de modelitos. Las dueñas de los establecimientos agraciados con su visita quedan encantadas: no sólo ganan un montón de dinero, sino que también se deshacen de los restos del año anterior. En efecto, la mujer Capricornio tiene un lado muy mezquino y es demasiado agarrada para comprarse revistas, así que se guía por los *Vogue* que lee en la peluquería y que son de hace doce meses.

Por su irreprimible arribismo social, las Capricornio suelen imitar a las estrellas del momento, como Isabel Preysler o Marta Sánchez. Embuten sus cuerpos a menudo fláccidos en vaqueros de alta costura y en exagerados vestidos de diseño. Llevan abrigo de piel a las excursiones y tiara a las barbacoas. A pesar de todo, nueve veces de cada diez las toman por pelanduscas.

LAS COSAS FAVORITAS DE CAPRICORNIO

Carlos Ferrer Salat, Dalí, *Cómo hacerse amigos e influir en los demás,* el tío Gilito, *¡Hola!,* las carteras de ejecutivo personalizadas, los focos, Britt Ekland, Carmen Cervera, las carreras de caballos, Paul McCartney, el bridge, Dudley Moore, los Mercedes de alquiler, las chapas de identidad de oro, Zóbel, Edward Kennedy, las maletas con etiquetas de compañías aéreas, Plácido Domingo, las *Obras completas de Miguel de Cervantes,* los muebles bar, *El libro de los apellidos ilustres,* las fincas, el cubalibre de ron, *El paseante,* Koo Stark, las pieles sintéticas, el estilo *yuppie.*

SU GUIA PARA EL AMOR: CAPRICORNIO

Capricornio-Aries

¡A ver si no metemos la pezuña! No sueñe que este ser infantil, mimado y caprichoso vaya a bailar nunca al son que usted le toque. De todas formas, Saturno no puede convivir con Marte. Más vale que lo deje estar.

Capricornio-Tauro

Esto ya está mejor. Esta combinación da buenas vibraciones en la Vía Láctea. Por su enorme inseguridad y su apego a lo convencional, Tauro es el blanco ideal para sus métodos de adulación. Convénzale de que todo el mundo se va de vacaciones a Saint-Moritz y de que deben tener cuentas conjuntas, y todo resuelto.

Capricornio-Géminis

Ni una sola estrella en todo el cosmos puede mirar semejante unión amorosa con algo que no sea una expresión de horror. Usted no conseguirá sacar las virtudes de este esquizofrénico interesado sin un enorme esfuerzo por su parte, y aunque lo consiga no va a merecerle la pena. Si siente que está cayendo en sus redes, dígale a su Géminis que vuelva a meter las enciclopedias en la bolsa y ¡que se largue!

Capricornio-Cáncer

Esta carta es bastante sosa. No parece probable que un Cáncer le cause muchos problemas, pero ¿está usted seguro de que el tipo de futuro que desea es vivir en un chalé adosado lleno de anoraks y de programas de ordenador? Usted puede encontrar una pareja mejor.

Capricornio-Leo

Esta pareja, con buenas combinaciones del Sol y Saturno, presenta muchos aspectos favorables. Leo ansía halagos y atención, y le encanta que comenten su generosidad y su elegancia. Usted ansía dinero y posición. Sólo tiene que trabajárselo un poco.

Capricornio-Virgo

No vaya a pensar que una relación Tierra-Tierra tiene que salir bien a la fuerza. Seguro que hay cosas peores que vivir con Virgo, pero no se conocen. Este ser, maniático de la higiene, mezquino y sin sentido del humor, va a hacerle trabajar de verdad.

Capricornio-Libra

Libra puede ser el tipo de persona a la que usted guste de verdad. O no, pero tampoco lo tiene muy claro. ¿Puede usted soportar sus vacilaciones, sus caprichos y su limitada inteligencia? Si tiene algo que sacar, seguro que sí. La cosa podía ser peor.

Capricornio-Escorpio

Las constelaciones parecen haber enloquecido. Saturno se encuentra con Marte y con Plutón. La Tierra se encuentra con el Agua. Usted es capaz de lo que sea para conseguir un par de libras, pero ¿qué provecho piensa sacar de que le cuelguen de las uñas de los pies y le golpeen con un mazo? Usted se quiere a sí mismo; los Escorpio odian a los demás. Incompatibilidad de caracteres.

Capricornio-Sagitario

En un mundo ideal, éste sería un tipo de payaso y perdedor empedernido del que podría usted prescindir. Si no tiene otro recurso —y usted sabe un rato de recursos— vaya a por ese idiota. Pero no serán felices.

Capricornio-Capricornio

Ya debería conocerse lo suficiente para comprender que esta doble combinación saturniana no podrá funcionar nunca. ¡Qué tragedia descubrir en plena luna de miel que los dos han mentido sobre sus respectivas fortunas! Habiendo tantos Tauro en el mundo, ¿por qué va a estropear su vida con una persona tan desagradable como usted mismo?

Capricornio-Acuario

Por si lo había olvidado, le gustan el dinero, los coches deportivos, los restaurantes caros y las casas grandes, y no le gusta la forma difícil de conseguirlos.

A Acuario, para su información, le gusta la comida integral, el macramé, los filmes polacos y los frisbis. No le conviene lo más mínimo.

Capricornio-Piscis

Los Piscis son más simples que el mecanismo de un sonajero. Hasta una persona tan vil como usted necesita que se lo pongan un poco más difícil. Bueno, si no le queda más remedio, llévese el dinero, pero déjele las joyas. Le viene bien tener una reserva para el día de mañana.

CUANDO UN CAPRICORNIO LE INVITE A CENAR

A Capricornio no le importa demasiado el sabor de la comida, siempre y cuando se note que es comida cara y elegante. Le encanta comprar platos hechos en sitios finos a precios exorbitantes y gastarse auténticas fortunas en que le traigan los faisanes en helicóptero. Este nuevo rico está dispuesto a comer ostras todo el año.

A los Capricornio pobres no les gusta hacer alarde de sus deprimentes hogares ante las visitas, así que no es probable que inviten a nadie a cenar. En cuanto a los Capricornio ricos, nunca se cansan de presumir de sus horribles mansiones ni de dar fiestas con camarero alquilado y todo. Pero no se espere una comida demasiado generosa. Una cosa es presumir de dinero y otra muy distinta ser un anfitrión generoso. ¿Qué cree usted que le pondrán de cenar en casa de semejante personaje? Sí, lo ha adivinado: platos de

Sèvres y cubiertos de oro macizo, y eso no se come, ¿verdad?

LAS VACACIONES DE CAPRICORNIO

¿Quién dijo que las vacaciones tenían que ser divertidas? No sería un Capricornio, desde luego. Los nativos de este signo consideran que las vacaciones son una simple prolongación de su diaria vida de intrigas. Cuando están fuera de su casa, pagan las cuentas con tarjetas de crédito falsas. Se las arreglan para hacerse amigos de los ricos y famosos de la localidad. En la piscina y en la discoteca —donde sus gafas de espejo se convierten en un hándicap ridículo— son francamente insoportables. Se aprovechan de las personas solas sedientas de cariño y se llevan las toallas de las habitaciones de hotel. Son francamente «marrones».

EL JEFE CAPRICORNIO

Este explotador sin escrúpulos no es en absoluto una persona para la que le convenga trabajar, salvo que tenga usted antecedentes aristocráticos que le acrediten a recibir un trato de favor ante los ojos de un arribista. Un jefe Capricornio, dominado por Saturno, le contará cualquier mentira con tal de hacerle trabajar, infringirá cualquier ley con tal de no pagarle y aprovechará cualquier excusa con tal de castigarle con severidad. Márchese ahora que la cosa está mal..., no puede ir más que a peor.

EL EMPLEADO CAPRICORNIO

¿Recuerda a ese pelota que siempre se ofrece a limpiarle los zapatos y a traerle los cafés? Pues ándese con ojo. A espaldas suyas, ese Capricornio debe estar pensando cuál será exactamente la mejor forma de aprovechar aquellas fotos (¡parecía tan divertido entonces!) que le sacó a usted con ese Leo en la fiesta de Navidad del año pasado. Los Capricornio tienen un dicho: quien se arrastra ante el sillón del presidente llega a ocuparlo algún día.

EL DIARIO DE SU CICLO SOLAR: CAPRICORNIO

22 de diciembre-20 de enero

22 de diciembre

Lleva usted todo el día preocupado esperando el correo: algunos de los regalos que vio anunciados en la bolsa de cereales de desayuno no le han llegado todavía y necesita que le lleguen a tiempo para los regalos de Navidad.

24 de diciembre

Tampoco ha venido nada en el correo de esta mañana. Se le ocurre que podría regalarle a su jefe el único regalo que ha recibido hasta ahora (una funda rosa para la bolsa de agua caliente, regalo de su madre), con lo cual mataría dos pájaros de un tiro: haría la pelota y se ahorraría dinero.

25-30 de diciembre

Al igual que el año pasado, las Navidades se presentan tranquilas. Pero ¿para qué quiere amigos? Por centésima vez repasa *El anuario de las celebridades* para contar a todos los famosos que se llaman igual que usted. No conoce a ninguno de los dos.

31 de diciembre

Al igual que el año pasado, la noche de Año Viejo se presenta tranquila. Se le ocurre ir a la fiesta que da Estefanía de Mónaco pero, aunque le hubiera invitado, no tiene dinero para pagarse el viaje a Nueva York.

2 de enero

¡Vuelta al trabajo y buenas noticias! Con una extraña sonrisa, su jefe le da las gracias por el regalo y le invita a su fiesta de cumpleaños en una casa que tiene en el campo. ¡También es Capricornio!

5 de enero

Ultimos preparativos para el gran día. Hoy apura su tarjeta de crédito hasta el límite para comprarse un conjunto de *sport,* un conjunto de vestir, una escopeta, unos palos de golf, una boquilla y una maleta de cuero.

6 de enero

La situación le resulta ligeramente embarazosa. La casa es bastante impresionante y le retratan para el *¡Hola!* nada más llegar, pero los invitados son muy *lumpen.* Muchos parecen auténticos navajeros y llevan los brazos llenos de pinchazos. Se ríen de su ropa. Entre tanto gentío no consigue usted encontrar a su jefe y se marcha temprano.

10 de enero

Al parecer, han robado varios cientos de miles de pesetas de la oficina. La policía calcula que ha tenido que ser en la noche del 5. Con cierto orgullo le da usted su coartada.

12 de enero

Cuando la policía averigua que es Capricornio, que su jefe tiene un acta de nacimiento que demuestra que él es Piscis y que, desde luego, no tiene ninguna casa impresionante en el campo, queda usted detenido.

16 de enero

Algo bueno tiene el día de hoy en la cárcel: su abogado le pasa un ejemplar del *¡Hola!*

19 de enero

Una vez convencido de que no sale ninguna foto de usted en el *¡Hola!* empieza a hojear la única lectura autorizada en la celda: *La gaceta de la policía.* Y de pronto se reconoce, retratado en una reunión de antiguos presos en una casa de campo de Torrelodones que se ha convertido en centro de rehabilitación. No lo entiende muy bien, ¡pero esa es su coartada! Y entonces se fija en la escopeta...

PAZ
AMOR
PAZ
ACUARIUS
ZAPPA
HENDRIX LIVES

Acuario

21 de enero-19 de febrero

«También las piedras tienen sentimientos.»
Petra Kelly.

Los nacidos bajo este signo le informarán de que, como decía una famosa canción, estamos en pleno amanecer de la era de Acuario. Aunque algún alma poco caritativa comentará que llevamos muchos años amaneciendo sin que se vea mucha luz, reconoceremos que los Acuario tienen motivos sobrados para mostrarse optimistas. Nacidos en la época más muerta del año y sometidos a algunas de las influencias estelares más aburridas de todo el Zodíaco, no les queda más remedio que sentirse acomplejados y disimular su complejo con una apariencia de seguridad. Se les podría describir como personas rebeldes, individualistas, intuitivas e independientes... si se quisiera hacerles un favor. Pero se le quitan a uno las ganas de hacerle favores a personas tan aburridas como los Acuario. Estos ilustres (dicen ellos) moradores de la Undécima Casa se cuentan en realidad entre las personas más obtusas y estúpidas que se pueden conocer. El sentido del humor les es completamente ajeno. Acuario es capaz de pasarse horas murmurando sobre sus preocupaciones, propias de un oligofrénico, sin un asomo de intrascendencia, sin más matiz que el de la más increíble monotonía.

La extraña conjunción de Saturno y Urano en su carta astral es la responsable de que Acuario se sienta tan distinto de los demás, y esté tan convencido de conocer la respuesta de todas las preguntas de la vida. Los nativos de este signo siempre buscan modos de vida alternativos, principalmente porque han fracasado con los convencionalismos y necesitan normas nuevas para regir su conducta —ya ve usted qué rebeldía—, y una vez que también han fracasado con la nueva forma de vida, suelen probar otra distinta. Casi todos los *hippies* son Acuario, al igual que el 90 por 100 de los enclenques gorditos y mal hechos que siempre llevan las tiendas de comida dietética. Los fanáticos de los ovnis casi siempre son Acuario, al igual que las mujeres que quieren dar a luz solas, que los hombres que tienen un amigo que conoce a alguien que dobla cucharas con la mirada, y que los niños que prefieren el arroz integral a los helados.

EL HOMBRE ACUARIO

Por lo general, los hombres Acuario se dividen en dos categorías, según la posición que ocupara Saturno en el momento de su nacimiento. Si Saturno estaba en ascendente, suelen ser bastante altos, torpes, barbudos, con gafas y muy aburridos. Hay muchas probabilidades de que, además, sean vegetarianos militantes y lleven pantalón de pana con rodilleras y un jersey viejo que todavía tenía cuatro patas cuando se lavó por última vez. Pero no se crea usted que les basta con recriminar a los demás que se están suicidando con esa forma de beber, de fumar, de comer carne y, en general, de disfrutar de la vida sin brotes de soja, sino que suelen tener una segunda monserga. Lo mismo les da por los verdes (y no nos referimos a las revistas que utiliza para hacer un incalificable papel reciclado) que por el yoga, por el comandante Cousteau, por la justicia social o, en casos terroríficos en que le miran a uno con ojos desorbitados desde la montura de alambre de sus gafas y se tiran de los pelillos de debajo de la barbilla, por Dios. Lo único que puede hacer uno es apretar los dientes y dar gracias a las estrellas de que no le haya dado por los seguros de vida. (De todas formas, Acuario se considera una persona demasiado idealista y con demasiados principios para dedicarse a *eso*.)

Si Saturno está en descendente en el momento del nacimiento, determina una gran diversidad de tipos físicos, aunque todos tienen dos cosas en común: la capacidad de entusiasmarse por trivialidades de las que, además, no saben nada, y una dependencia permanente de sus madres, que impide todo crecimiento emocional. Este tipo de Acuario también tiene la reputación de ser algo rebelde, aunque es difícil decir por qué. Claro que es diferente, pero ¿quién querría ser como él? Seamos sinceros: ninguna persona cuerda, que es lo que no suele ser Acuario. Seguro que ha conocido a muchos en las fiestas: nos referimos al tipo ese del pantalón de pana marrón y de las sandalias, ese que había leído tanto sobre unos experimentos realmente increíbles de percepción extrasensorial donde un perro adivinaba exactamente cuántas personas había en un autobús de una ciudad de otro continente —o casi exactamente— y que quería contarle esa extraordinaria experiencia que tuvieron su mamá y él cuando estaba en la escuela normal. Valor. Esas personas acaban por marcharse... a petición del público.

LA MUJER ACUARIO

La mujer Acuario sale muy parecida si tiene a Saturno en ascendente: en otras palabras, es una pesada insulsa y torpe, de las que se creen siempre en posesión de la verdad y tienen un sentido del humor que cabría en un dedal como el que lleva puesto todo el día, mientras cose esas interminables colchas y toquillas de retales para sus amigos, sin duda aterrorizados por la idea de que se los va a regalar. Con este tipo de mujer Acuario está a la orden del día la cocina sin azúcar, sin alcohol, sin sal y sin sabor. Su alimentación a base de hamburguesas de soja y chuletas de proteína de lenteja ha inducido a algún que otro malicioso Escorpio a comentar que, cuando se dice que estas mujeres son auténticos pedos, no es sólo por su conversación ni por su físico. Al igual que su homólogo masculino, esta Acuario tiene bastante dependencia de sus padres. De niña, está enamorada de su padre y teme a su madre; a esa curiosa situación obedece sin duda que el 90 por 100 de los niños abandonados sean Acuario.

Sin embargo, en algunos aspectos la mujer Acuario nacida con Júpiter en descendente todavía es peor. Sus manías y sus poses no serán tan mortalmente aburridas como las de su hermana, pero tampoco hay quien las aguante con lo que les gusta exhibirlas en la oficina: ¿a que no ha oído hablar de la nueva batidora-trituradora-friegaplatos? Bien, pues no le va a quedar más remedio. ¿Le habían comentado algo del nuevo ordenador personal (con posibilidad de acoplarle un acelerador de partículas de segunda generación)? No se distraiga, hombre: ¿sabía usted que acaba de empezar una colección de botellas de refrescos de los años veinte? ¿Qué? Qué se creía, ¿que eran pantallas de lámpara de los años setenta? ¡Qué va, eso nunca la interesó de verdad! Mucho menos que las botellas de refresco, y además, eso era la semana pasada. Apriete los dientes otro ratito y vuelva a dar gracias a sus estrellas de que no le haya dado por el seguro de vida. Si *le ha dado* por los seguros de vida, compre unos cuantos y suicídese.

ACUARIO Y EL SEXO

El hombre

De los Acuario se dice que hay que esperar lo inesperado, y eso se aplica tanto al sexo como a lo demás. No vamos a indagar por qué motivos tiene usted relación sexual con un hombre de este signo —cualquiera puede cometer un error—, sino que nos limitaremos a estudiar lo que podría ocurrir.

En primer lugar, recuerde que Acuario es amigo de las manías y las fantasías. Ya puede usted despedirse de sus planes si al hombre le ha entrado la manía del celibato. Pero tal vez sea peor que le saque los palitos de incienso y los manuales de meditación y le proponga que intenten hacer el amor sin contacto físico. Y márchese sin perder un segundo si, después de cenar, la conversación se centra en los pactos de suicidio escandinavos. No va a sacar nada en limpio de jugar con un chiflado. Pero, en general, estos hombres buscan parejas cariñosas y estúpidas. Usted no se extrañe de que se niegue a quitarse su chaqueta de lana integral en la cama por miedo a coger frío. No es probable que su enfoque sea innovador ni personal, a pesar de lo que digan del carácter de Acuario. Dado el aspecto de los planetas fijos, la monotonía es su característica dominante. Las jóvenes vírgenes que, trémulas y expectantes, inician su vida sexual con un Acuario, se despiertan al día siguiente sin saber si han dejado o no de ser doncellas, ya que esperaban algo más señalado que la aburrida actuación de su pareja durante la noche anterior.

La mujer

Desde luego, habrá a quien le guste. La mujer Acuario, obsesionada por la alimentación macrobiótica (Saturno ascendente), buscará una experiencia sexual sin reforzadores del sabor. El hombre de sus sueños no tiene que andarse contaminando con *aftershave,* aunque más le vale usar calzoncillos que no lleven menos del 100 por 100 de algodón si no quiere producirle una urticaria. La mujer Acuario es una verdadera experta en sacar temas éticos apasionantes, lo cual rara vez sirve para apasionar en otros temas. Como tiene la firme convicción de que todos los olores y vellos corporales que sean naturales resultan profundamente eróticos, suele tener más naturalidad de lo corriente. Ya se han dado casos de hombres Virgo que se han tirado por la ventana de un quinto piso antes que irse a la cama con una de estas mujeres.

EL CONDUCTOR ACUARIO

El Acuario medio tiene un dos caballos pintado con los colores del arco iris y con un adhesivo de *¿Nuclear? No, gracias* pegado en la ventanilla. Algunos Acuario de la línea dura no conducen más que bicis, con una cestita delante y un bebé detrás. Los poquísimos nativos más acomodados de este signo pueden permitirse concesiones a su naturaleza aventada. A veces se deciden por imitaciones de coches antiguos, otras por automóviles acorazados con carburador de estiércol de pollo, y otras por cochecitos de golf con tracción en las cuatro ruedas. Haga usted lo que quiera, pero no se le ocurra acercarse a ellos en las fiestas.

ACUARIO Y LA ROPA

El hombre

Los Acuario están convencidos de que estamos en vísperas de una nueva era de ilustración y de prodigios, aunque la mayoría van pregonando la buena nueva vestidos de tal forma que la gente se pregunta dónde podrán conseguirse entradas para quedarse en los viejos tiempos. Los guardapolvos macrobióticos negros, los abrigos del ejército, los pantalones con parches, las sandalias de cuero natural y las camisas sin cuello son lo más apreciado entre los fanáticos de la alimentación natural. En cuanto a los demás nativos del signo, su única norma parece ser ésta: si está mal, está bien. Por su afición a las camisas de nailon, a las trencas azules, a los calentadores amarillos, a los zuecos, a las rebecas y a las corbatas de flores, los Acuario tienen fama de excéntricos cuando sólo se merecen la de estúpidos. No cometa usted el error de creer que esos calcetines desparejados y esa bragueta abierta son despistes simpáticos. No lo son. Si se fija más, descubrirá que esta chaqueta que Acuario lleva del revés no es una consecuencia de su encantadora distracción. Las mangas están atadas a la espalda. Este hombre está loco.

La mujer

Una vez más, hay que preguntarse cómo pueden afirmar estas personas que se dirigen hacia un nuevo y luminoso amanecer cuando todo parece indicar que se han vestido en el más oscuro de los crepúsculos. Las camisas de algodón de talla extragrande, acompañadas de zuecos, jerseis gordos y ásperos y gorros peruanos con guantes y calcetines a juego forman parte obligada del guardarropa de la mujer Acuario. Algunas excepciones adoptan un estilo más exuberante y usan *minishorts, bikinis* de ganchillo o abrigos de lana en los colores del arco iris. Ninguno de los dos tipos puede sacarse a la calle.

LAS COSAS FAVORITAS DE ACUARIO

Donovan, los verdes, Cat Stevens, los adhesivos de *¿Nuclear? No, gracias,* las plantas medicinales, el muesli, los muebles de pino natural, María Ostiz, Génesis, el arroz integral, la energía eólica, Joan Baez, el Fondo Mundial para la Naturaleza (WWF), el I Ching, el yoga, la revista *Natura,* los pantalones deshilachados, la cerveza sin alcohol, los chalecos con vaqueros, la Filmoteca Nacional.

SU GUIA PARA EL AMOR: ACUARIO

Acuario-Aries

Una combinación Aire-Fuego que no puede producir nada más sustancial que el aire caliente. Usted tiene un complejo raro en la relación con sus padres, y lo último que le apetecerá será hacer de padre usted mismo con una pareja Aries a la que siempre habrá que cambiar los pañales. No se quiera tan mal y olvídelo.

Acuario-Tauro

El terrestre Tauro es capaz de cualquier cosa con tal de no dar la nota, y se sentirá muy violento cuando usted anuncie en casa de unos amigos que sus principios vegetarianos no sólo le impiden comerse un solomillo a la pimienta, sino que también le prohíben permanecer un segundo más en la misma habitación que tan suntuoso manjar. Tauro, que además de conformista es también muy glotón, no tardará mucho en decidir de qué lado se pone.

Acuario-Géminis

Mercurio y Saturno se confabulan para unir dos signos de Aire, pero ¿cuánto puede durar? Quizá toda la vida..., ese tiempo es el que les suele caer a los Géminis cuando les pilla la ley, pero con reducción de pena por buena conducta tal vez vuelva a ver a su pareja dentro de unos quince años.

Acuario-Cáncer

Los cielos han producido una buena combinación de constelaciones en esta pareja, y quizá salga algo bueno de ella si su aspecto solar puede hacer frente a la influencia Pepsi del Cangrejo. Usted preparará muesli mientras Cáncer juega con su ordenador. Entre ustedes sobrarán las palabras.

Acuario-Leo

Las estrellas lo ven, pero no se lo creen. Usted no tiene ni dinero, ni buena facha, ni gracia, ni siquiera una inteligencia privilegiada, así que ¿para qué iba a quererle un Leo? Lo más que puede decirse a favor de esta relación es que, por lo menos, no va a menguar el estúpido sentimiento de suficiencia de su pareja Leo.

Acuario-Virgo

¡Menudos remilgados son los Virgo! Quizá simpaticen con algunas de sus opiniones sobre el cultivo orgánico, ¡pero no consentirán que nadie deje pisadas de barro del huerto orgánico por su cocina! ¿Y cuándo fue la última vez que se cortó usted el pelo? Ya se lo digo yo: la última vez que conoció a un Virgo.

Acuario-Libra

Urano se opone a Venus, y usted tiene que tomar alguna decisión...; más exactamente, *todas* las decisiones. ¿Se siente usted capaz de aguantarlo? A lo mejor lo consigue, a pesar de la caspa, ¿pero merece la pena?

Acuario-Escorpio

A usted le gustan la fruta fresca, las verduras, la paz y el amor. Cuando la venenosa influencia Marte-Plutón haga entrar en juego el aspecto fijo Herbicida, puede usted despedirse de la relación; pero se llevará en el cuerpo unas cuantas experiencias francamente desagradables. Si todavía está a tiempo de escapar, hágalo.

Acuario-Sagitario

Esta es una conocida combinación Aire-Fuego. Por una vez es usted realmente más listo que otra persona, y le conviene aprovechar esa ventaja. Desde luego, va a unir su vida a la de un payaso bastante torpe, pero, honradamente, ¿puede aspirar a algo más?

Acuario-Capricornio

Usted tiene mucho Saturno en su composición, pero no crea que por eso va a ser más compatible con una Cabra dominada por Saturno. En el fondo, usted tiene temperamento de perdedor, y los Capricornio han nacido para destrozar a la gente como usted. A pesar de todo, lo único importante para calcular las probabilidades de éxito de la pareja es la pregunta siguiente: ¿tiene usted algo que pueda interesar a la Cabra?

Acuario-Acuario

Los cielos parecen apaciguar su movimiento estacional. Todo está en calma. Así que a por ello. Cierto es que su pareja Acuario puede resultar bastante aburrida. Incluso estúpida y no muy atractiva. ¿Pero cuándo fue la última vez que se miró usted al espejo? Están hechos el uno para el otro.

Acuario-Piscis

De acuerdo, usted es amante de la paz, pero no puede serlo *tanto.* Seguro que no tendrá discusiones con su pareja Piscis, pero tampoco las tendría con una maceta de marihuana... y por lo menos se puede fumar.

CUANDO UN ACUARIO LE INVITE A CENAR

A estas alturas debería tener ya una idea bastante aproximada de lo que puede esperar de la invitación de un Acuario. Desde el momento en que entre en una habitación pintada de azul marino con estrellas en el techo y vea un enorme póster de Jimi Hendrix en la pared y una cabra viva en una esquina, no espere usted compasión de sus aburridísimos anfitriones.

Primer plato:

Espaguetis integrales con judías hervidas.

Segundo plato:

Arroz integral y ragú de lentejas.

Postre:

Ciruelas pasas.

Queso:

Queso fresco de cabra.

Bebida:

Auténtica cerveza casera (sin alcohol).

LAS VACACIONES DE ACUARIO

Aunque muchos Acuario están convencidos de pertenecer al signo menos conservador y más aventurero del Zodíaco, en realidad están metidos en su carril. No les gusta viajar al extranjero y tampoco les gusta ir a ningún sitio donde no tengan asegurado un buen suministro de sus alimentos favoritos. Cierto es que muchos cuentan con detalle cómo llegaron a Katmandú en *auto-stop,* pero también ha habido *hippies* que no eran Acuario y, en general, una pequeña investigación permite averiguar que están confundiendo su propia experiencia vital —que se reduce al trabajo en una tienda de alimentación macrobiótica en Pedraza— con las aventuras que vivió de verdad un amigo Leo o Géminis.

EL JEFE ACUARIO

Semejante primo tiene que ser buen jefe a la fuerza. No cuesta nada engañar a un jefe Acuario, porque suele pensar siempre lo mejor de los demás. Algunos empleados se inventan complicadas liguillas deportivas para contar mentiras a su jefe. Cuanto más descarada sea su excusa para no ir a trabajar, mejor quedará. Un ejemplo de excusa infalible para un jefe Acuario podría ser: «Siento llegar tan tarde, pero es que había huelga de autobuses en la Barceloneta.» Y usted trabaja en Cuenca.

EL EMPLEADO ACUARIO

También es una joya, y el que tenga un Acuario a sus órdenes puede considerarse un jefe afortunado. Sólo Piscis y Libra son empleados tan dóciles como él. Lo diremos sin rodeos: puede usted machacarle todo lo que quiera. Amenace con quitarle el zumo de zanahoria, desínflele las ruedas de la bici, confisque sus insignias antinucleares. Péguele, si es usted Escorpio y le gusta. No corre absolutamente ningún riesgo.

EL DIARIO DE SU CICLO SOLAR: ACUARIO

21 de enero-19 de febrero

21 de enero

Se ha echado a perder la cosecha de grano en Brasil. Sin pensárselo dos veces, deja la cometa que estaba haciendo con la tela de una camisa y el cuadro de una vieja bici y se precipita a la tienda de alimentación macrobiótica, donde compra usted todas las existencias de trigo.

22 de enero

Hoy tiene usted un duro día de trabajo: tiene que reorganizar su casa de forma que quepan los sacos de trigo que le ha traído en un camión el encantador dueño de la tienda de alimentación. Después de llenar el dormitorio con una capa de trigo de un metro de profundidad, se permite esbozar una sonrisa: no cabe duda de que el hombre aún no sabía lo de Brasil.

23 de enero

Llega el periódico de ayer, que comparte en régimen de cooperativa con unos cuantos amigos Acuario.

24 de enero

Todavía no ha conseguido reponerse de la impresión de lo que ha leído en el periódico. ¡En Brasil sólo se cultivan granos de café!

29 de enero

El dueño de la tienda de alimentación se niega a que le devuelva el trigo y dice que quiere su dinero.

1 de febrero

Al entrar Virgo en la casa de Capricornio ascendente, usted tiene una brillante idea, y monta un puesto delante de su casa con un gran cartel: *Trigo barato*. Se pone a llover.

3 de febrero

¡Cómo viene febrero! Sigue lloviendo.

5 de febrero

Sigue lloviendo, pero tiene que perseverar. Desde el puesto observa que tiene una teja suelta en el tejado. Se dice que habrá que arreglarlo un día de estos.

7 de febrero

Ha dejado de llover. Ahora Virgo desciende hacia Mercurio. Las cosas tienen que mejorar. Loco de alegría, sube corriendo a la enorme despensa en que tiene convertido su dormitorio.

9 de febrero

Recobra el conocimiento dentro de un montículo viscoso al pie de la escalera. Poco a poco reconstruye usted lo ocurrido: la lluvia caló por el tejado a la alcoba, el grano se empapó y creció y usted fue barrido por una marea amarilla de comida integral.

10 de febrero

Llegan los alguaciles con el dueño de la tienda de alimentación para embargarle. Se ve usted obligado a venderle la casa a un precio ridículo, porque presenta un aspecto realmente lamentable.

14 de febrero

Ya en casa de su madre recibe una tarjeta para felicitarle en el día de los enamorados. Que usted sepa, no tiene enamorado, así que se imagina que será para su mamá. Aunque le extraña el matasellos de Honolulu.

16 de febrero

Al pasar en bici por delante de la tienda macrobiótica observa que en el escaparate han puesto el cartel de *Cerrado por vacaciones.*

19 de febrero

Urano retrocede por la galaxia y Marte está en ascendente. El resto del año se presenta con augurios siniestros.

PISCIS

Piscis

20 de febrero-20 de marzo

«En el agua no vio sino humedad.»
John Milton.

De trato fácil, es semejante al pez que se deja llevar por la corriente en las infinitas profundidades del mar, abiertas sólo al soñador solitario. Generoso con sus amigos, pero reservado y poco expresivo, Piscis tiene el don de ver mejor a través de las facetas esmeralda del océano que todos los demás a través del aire. Este es un signo profundamente sensible, y profundamente sensible es la personalidad de Piscis.

Antes de seguir adelante permítasenos corregir esta primera contradicción. *Piscis* y *personalidad* son términos contradictorios. No existe personalidad Piscis. No se moleste en buscar una lista de Piscis famosos al final de este capítulo. Ningún Piscis ha conseguido nunca llegar a una posición destacada en ninguna actividad de la vida. Pero si cree saber de una persona que es famosa —o al menos conocida por alguien más que su madre, su padre y su casera— y que dice ser Piscis, caben varias explicaciones muy sencillas. En realidad, su conocido es Capricornio y le ha engañado por pura costumbre, o porque su cumpleaños está tan cerca de Reyes que teme no recibir más que un regalo por las dos cosas. También es posible que ese «Piscis» sea Sagitario (y demasiado estúpido para recordar la fecha de su propio cumpleaños), o Cáncer. Los Cáncer, curiosamente (aunque no sé si cabe usar la palabra «curioso» a propósito de un signo que lo es tan poco), son casi tan simples y tan blandos como los Piscis y, en muchos casos, sus padres les engañan sobre la fecha de su cumpleaños; algunos lo hacen sólo por gastarles una broma cruel, pero la mayoría les dice que nacieron un 29 de febrero para ahorrarse regalos y fiestas tres años de cada cuatro. El verdadero Piscis es fundamentalmente débil, tímido, bajito y totalmente gris En todas las clases, las oficinas y las muchedumbres hay un Piscis: lo que pasa es que no siempre se fija uno en ellos. Los perros los toman muchas veces por farolas.

Algunas tribus de Mongolia, muy hábiles en el manejo del arco, dejan crecer normalmente a los niños Piscis y los usan luego de diana para las prácticas. Tal vez resulte algo bárbaro, pero nadie que haya conocido un Piscis negará que hay cierta ruda lógica en esta práctica.

EL HOMBRE PISCIS

Si los jefes del programa espacial soviético hubieran tenido a mano un hombre Piscis, no habrían arriesgado la vida de una pobre perra en la primera cápsula que mandaron a la estratosfera. No nos andaremos con rodeos: los hombres Piscis no son dignos de que se les llame hombres. Estos seres son de una debilidad patética. Nunca luchan por nada. Más de un Piscis ha muerto en la playa, ahogado por los puñaditos de arena que le iba tirando a la cara un Capricornio que quería hacer unas risas con los amigos. Algunos no se atreven a pasar en los semáforos, ni siquiera cuando los tienen en verde, por miedo a molestar a los que tienen el semáforo en rojo. Cuando les atracan, piden disculpas a sus atracadores. Calculan todos los gastos en múltiplos de Toblerones, Donuts y bolsas de pipas. Rara vez consiguen juntar valor para pedirle una bebida a un camarero, y menos aún para pedirle una cita a una chica, así que, a menos que den con alguna mujer extraña de gustos todavía más extraños, es posible que no lleguen a tener novia nunca. A veces, los únicos amigos de un hombre Piscis son otros Piscis. Se juntan para hablar de Neil Young y construir maquetas de aviones. Si la teoría de Darwin contiene el menor ápice de verdad, el próximo siglo habrá muy pocos varones nacidos en la Duodécima Casa del Zodíaco.

LA MUJER PISCIS

El calificativo de «humilde» no es bastante fuerte para describir a la mujer Piscis. «Inexistente» se acercaría más a la realidad. Estas mujeres son tan insignificantes y tan desprovistas de personalidad que a menudo se las clasifica entre los «objetos inanimados». Algunas encuentran trabajo de maniquíes en los escaparates, aunque pocas son lo bastante atractivas para conseguirlo. Otras encuentran trabajo de espías —por el motivo de que es imposible que nadie sospeche de ellas— pero, ya que tampoco nadie las encuentra bastante interesantes para hablar con ellas, esa tradición tiende a perderse. A veces, las mujeres Piscis son el último recurso de los hombres que no han podido conseguir nada mejor, y algunas protegen su honor con la hábil táctica de dormir de aburrimiento a su pareja antes de que haga el primer movimiento. Muy aficionadas al punto de calceta, esas insignificantes criaturas son como una hoja de papel en blanco en la que la Naturaleza hubiera olvidado escribir.

PISCIS Y EL SEXO

El hombre

El hombre Piscis en la vida social es como el pez en el agua: nada. El hombre Piscis en la cama es como el pez fuera del agua: más muerto que nada. Salvo raras excepciones, en la lista de las experiencias de su vida «hacer el amor con un hombre Piscis» vendrá entre cortarse las uñas de los pies y ver las reposiciones de *La casa de la pradera.* Por lo menos, tiene usted garantizada una buena noche de sueño. El amante Piscis es, por decirlo suavemente, ineficaz: ¡es tan tímido! Considérese como un auténtico volcán si consigue que el hombre se quite su anorak. Y si supera esa fase y consigue convencer a la madre de él —que vendrá a recogerlo a las doce y media— de que ya se ha marchado de su casa, tiene usted una posibilidad. Pero no espere demasiadas proezas técnicas: al hombre Piscis no le gusta imponerse. Y tampoco sabría hacerlo.

La mujer

Pocas mujeres Piscis llegan a hacer el amor con un hombre, por la simple razón de que son tan sumamente aburridas y tan poco atractivas que dejan a los hombres físicamente incapacitados. Si es usted Escorpio o Capricornio, por lo menos tiene el aliciente de que la convencerá para que se someta a sus repugnantes perversiones; si no lo es, no espere usted gran cosa. La mujer Piscis se comporta en la cama como si su educación sexual hubiera estado a cargo de una monja (y así es, en muchos casos).

EL CONDUCTOR PISCIS

Sin duda se preguntará usted: ¿conductor de qué? Muchos Piscis son incapaces de pasar el examen de conducir, porque no consiguen dar el salto imaginativo necesario para asimilar que uno puede estar sentado y en movimiento al mismo tiempo. Los que aprueban el examen —sin pena ni gloria— son los clientes ideales de las grandes compañías automovilísticas. Nunca llegan a tener coche de la empresa, pero quieren tener un Opel Omega, aunque sea comprándoselo ellos. Si no pueden pagarse un coche nuevo, se decantan por un Ford Escort o un Citroën CX de segunda mano. El conductor Piscis siempre respeta los límites de velocidad, frena en *todas* las curvas y para en seco en los pasos de cebra, aunque no haya nadie esperando para cruzar. Le encanta ir tocando la bocina, y sólo va callado el día que tiene resaca.

PISCIS Y LA ROPA

El hombre

En el armario de un Piscis se puede encontrar todo lo que sea gris, soso, aburrido, poco llamativo y falto de imaginación. La cumbre de la elegancia masculina Piscis debe ser una chaqueta de punto marrón, o un anorak de nailon gris. Los hombres Piscis, atraídos por la lluvia y por las fibras artificiales baratas, sienten verdadera pasión por el anorak. Nunca llevan vaqueros o playeras normales, sino los que venden sin marca en las drásticas rebajas de los grandes almacenes. Odian el tacto del algodón sobre su piel. Si, por error, compran unos pantalones que están bien, los acortan unos cinco centímetros para lucir los calcetines de nailon blancos. Los hombres Piscis consideran que los puestos de ropa de las ventas de caridad son sitios estupendos con un estilo bárbaro.

La mujer

La mujer Piscis no sobresale en una muchedumbre. A veces, incluso cuesta trabajo localizarla entre dos personas. Gafas con montura de concha gorda, jersey de fibrilla y zapatos de andar forman parte de su atuendo diario, tanto en invierno como en verano. Los vestidos de tela india y los abrigos de muletón son su uniforme para las fiestas. La mujer Piscis considera que las tobilleras ortopédicas son lo más *sexy* que hay en materia de ropa interior. Si llueve, se le puede ocurrir *ponerse* un saco de dormir y una tienda de campaña de tela impermeable. Para la mujer Piscis, «el último grito» es el que pegó cuando pisó un sapo el fin de semana pasado.

LAS COSAS FAVORITAS DE PISCIS

Starsky y Hutch, el parchís, Sue Ellen Ewing, Balduino de Bélgica, Catherine Deneuve, Charlton Heston, las excursiones, la sangría, Cenicienta, las estaciones de servicio de las autopistas, saludar a los policías, el chocolate con leche, *Telva,* las tiendas de caramelos, Landelino Lavilla, coleccionar chapas de botellas, las hamburgueserías, Los Robinsones suizos, Mocedades, los campamentos de boy-scouts y de guías, *Nada, El Hombre Invisible,* Leonard Cohen.

SU GUIA PARA EL AMOR: PISCIS

Piscis-Aries

Una relación estelar muy dudosa. La personalidad de Aries es totalmente infantil y, aunque usted tiene un carácter bastante débil para acceder a todos sus caprichos, es casi seguro que no tiene ni fortaleza ni fortuna suficientes para asumir la tarea de ocuparse de semejante persona veinticuatro horas al día.

Piscis-Tauro

Improbable. Esta podría ser la relación más traumática que haya tenido usted nunca. No es fácil que su personalidad acuática y jupiteriana sea capaz de soportar la prueba física que supone el amor con un Tauro terreno y venusino, y tampoco será capaz de procurarle la serenidad constante que necesita una persona tan sumamente inestable.

Piscis-Géminis

Usted ya tiene bastantes problemas en la vida sin necesidad de buscárselos. Este ser criminal y desequilibrado va con usted a beneficio de inventario. Desde luego, el universo no va a sonreír por el encuentro de sus estrellas.

Piscis-Cáncer

A primera vista, ésta parece una buena pareja acuática con una personalidad lo bastante lamentable para convivir con usted... ¡Pero ojo! Los Cáncer tienen oculta una reserva de perversidad que acabará por derrotarle.

Piscis-Leo

Esta combinación Fuego/Agua tiene alguna posibilidad. Los Leo son personas muy egocéntricas y no les gusta que les hagan sombra, pero es poco probable que tengan ese problema con usted, ¿verdad? Por otra parte, Leo es muy aficionado a dar fiestas, y le mandará meterse en la cama antes de que lleguen los invitados. Justo como a usted le gusta.

Piscis-Virgo

¿Soportaría usted que le esterilizasen todos los días antes de desayunar? Sí, un felpudo astrológico como usted debe poder soportar casi cualquier cosa. Esta podría ser una relación paradisíaca.

Piscis-Libra

Las estrellas no hacen más que parpadear. Su amado Libra no acaba de tomar una decisión a su respecto. Pero a usted no le importa, ¿a que no?

Piscis-Escorpio

¡Ay! Marte y Plutón se cruzan en su camino. Más le vale hacer testamento antes de salir a la calle con este bicho. ¿Qué va a querer una persona tan rara y tan retorcida como su amigo Escorpio de un blandengue como usted? Sólo puede ser su cuerpo. De preferencia en trocitos.

Piscis-Sagitario

Los Sagitario le dan terror, con esos músculos tan amenazantes. Y si son hombres menos mal, que las mujeres...

Piscis-Capricornio

Estas constelaciones no casan bien, y habrá de aceptar que se trata de un romance muy improbable. Capricornio necesita una persona a la que pueda usar y —salvo algunos médicos sin ningún escrúpulo moral— nadie ha encontrado ningún uso para usted.

Piscis-Acuario

No se aprecia ninguna influencia favorable para este romance. Acuario se entusiasma con facilidad, y es probable que busque alguien que comparta sus intereses. Usted es demasiado soso para sentir entusiasmo por nada, pero quizá saque algo en limpio si intensifica su asistencia a las clases de macramé.

Piscis-Piscis

No está mal. Ese pez sin agallas no le resultará atractivo a nadie más, y usted es demasiado soso para entender por qué. A los dos les encantará pasarse las tardes escuchando discos de Leonard Cohen y hablando de horóscopos.

CUANDO UN PISCIS LE INVITE A CENAR

Los Piscis son personas muy corrientes. También lo es su comida. Les gustan todas las cosas sosas y poco excitantes. Los restaurantes buenos los asustan, y prefieren no cambiar lo malo conocido: las cafeterías de los grandes almacenes y los bares de las gasolineras en carretera. Incluso se da el caso de que, para ocasiones especiales, como un aniversario de bodas, un matrimonio Piscis recorra más de 150 kilómetros por la autopista en su CX para cenar el combinado número 2 en su cafetería preferida. El menú ideal de Piscis es el siguiente:

Primer plato:
Cóctel de gambas o sopa.

Segundo plato:
Filete con patatas fritas.

Postre:
Helado.

Bebida:
Vino con gaseosa.

LAS VACACIONES DE PISCIS

En realidad, los Piscis se deciden pocas veces a marcharse de vacaciones. Sin embargo, sueñan con irse de excursión a Albacete y visitar la biblioteca local. A veces, un cruel Escorpio se lleva a su pareja Piscis a una estación de esquí para utilizarla de perro de trineo y ahorrarse los remontes, pero, por lo general, los nativos de este signo se contentan con pasar las vacaciones en casa viendo la tele y comiendo palomitas. Como de todas formas Piscis no sabe pasárselo bien, mejor es no complicarle la vida. Déjeselo en casa.

EL JEFE PISCIS

Un jefe Piscis es para morirse de risa. El único problema que le plantea a usted trabajar para él es la seguridad de que el negocio pronto irá a la quiebra. Los Piscis fracasan estrepitosamente siempre que intentan organizar algo, y sus empleados pueden robarles y engañarles con toda tranquilidad. Desde luego, si en su carta astral Saturno asciende a la Tercera Casa de Júpiter, Piscis tendrá alguna probabilidad más de éxito, pero también alguna probabilidad más de sufrir problemas crónicos de caspa, lo cual no ayuda mucho a atraer nuevos clientes.

EL EMPLEADO PISCIS

En general, los Piscis son empleados agradables. Se les puede pagar una miseria, obligar a trabajar horas extra en un lugar de trabajo insalubre, pegar y despedir sin oír un murmullo de queja (aunque hemos de reconocer que alguno que otro gime ligeramente cuando se le aprietan al máximo los grilletes).

EL DIARIO DE SU CICLO SOLAR: PISCIS

20 de febrero-20 de marzo

20 de febrero

Saturno coincide con varias influencias cósmicas malignas para dar un principio perturbador a la semana. De camino hacia la oficina, un niño saca la pierna por la sillita y le pone la zancadilla. Cuando se queja usted a su madre, ésta le pega un puñetazo en la nariz y le pide la cartera. Como siempre, usted decide que la cobardía también es humana.

21 de febrero

Se siente muy mal. Le da vergüenza denunciar la pérdida de su cartera y de su tarjeta de crédito, y se ha quedado sin nada de dinero y casi nada de comida.

24 de febrero

En la Casa de Venus sale la Estrella Canina. Usted descubre que le queda una lata de Pal y la devora ansiosamente.

27 de febrero

En la calle, mientras rebusca comida entre las basuras, divisa a la mujer que le atracó. Sin perder un momento, mira usted para otro lado y pone pies en polvorosa.

28 de febrero

Sólo tiene que aguantar veinticuatro horas más para cobrar el sueldo de este mes. La conjunción de Júpiter y Marte parece anunciar por fin un cambio de suerte.

1 de marzo

Con una expresión de mofa que no resulta demasiado profesional, el Departamento de Contabilidad le indica que no es año bisiesto, que no hay 29 de febrero, y que *no* hay paga. Usted sospecha que todos los demás han cobrado, pero decide que es mejor no empeorar su caso con quejas.

4 de marzo

La oficina se apiada de usted y le da un «sobre».

5 de marzo

La chica de la caja del supermercado le explica con bastante poca amabilidad que no aceptan billetes del Monopoly.

6 de marzo

Aunque tiene la impresión de que todo el mundo se está riendo de usted, decide que probablemente es mejor no decir nada.

14 de marzo

Por fin junta valor para decir en el banco lo de la pérdida de su cartera. Para su sorpresa, se muestran muy amables con todo el asunto y le dan inmediatamente otra tarjeta de crédito.

15 de marzo

Se acerca la primavera. El eje de Plutón se ha vuelto hacia el equinoccio primaveral. Le llega una factura, donde se le comunica que la tarjeta de crédito que perdió con la cartera se ha empleado para comprar por valor de poco más de 2.000.000 de pesetas hasta el día 2 de marzo. Se mete en la cama.

17 de marzo

Sin parar de llorar, se va a la policía. Cuando por fin se dan cuenta de que está usted allí, se echan a reír.

20 de marzo

Parece que vuelve el invierno. Los embargadores se llevan esa marina de *petit-point* a la que su madre tenía tanto cariño.

FAMOSAS PERSONALIDADES PISCIS

No hay personalidades Piscis.

TABLAS

	Signo del Zodíaco y Casa		Planeta dominante	Elemento
	1.ª, Aries	21 de marzo-20 de abril	Marte	Fuego
	2.ª, Tauro	21 de abril-21 de mayo	Venus	Tierra
	3.ª, Géminis	22 de mayo-21 de junio	Mercurio	Aire
	4.ª, Cáncer	22 de junio-23 de julio	Luna	Agua
	5.ª, Leo	24 de julio-23 de agosto	Sol	Fuego
	6.ª, Virgo	24 de agosto-23 de septiembre	Mercurio	Tierra
	7.ª, Libra	24 de septiembre-23 de octubre	Venus	Aire
	8.ª, Escorpio	24 de octubre-22 de noviembre	Marte/ Plutón	Agua
	9.ª, Sagitario	23 de noviembre-21 de diciembre	Júpiter	Fuego
	10.ª, Capricornio	22 de diciembre-20 de enero	Saturno	Tierra
	11.ª, Acuario	21 de enero-19 de febrero	Saturno/ Urano	Aire
	12.ª, Piscis	20 de febrero-20 de marzo	Júpiter/ Neptuno	Agua

Aspecto fijo	**Carácter zodiacal**	**Posición intergaláctica en el nacimiento**	**Predicciones astrales a largo plazo**	**Color planetario**
Viento	Infantil	Marte se coge una rabieta	No aprende a pedir pipí	Beige «osito de peluche»
Gas	Conformista	Las 8 y 20 son a su hora	No cae bien	Rayas finitas
Marbella	Criminal	Mercurio irrumpe en la Vía Láctea	20 años	Rejas sobre fondo azul
Pepsi	Blando	Luna de agua	Le sustituye un ordenador	Verde digital
Puerto Banús	Ostentoso	Empate Sol/Luna	Francamente vulgar	Dorado lástex
Agua mineral	Aprensivo	Plutón usa desodorante	¿Cambia de peinado?	Blanco «bata de enfermera»
Caspa	Indeciso	Venus por doquier	No se le va la caspa	No acaba de decidirse
Herbicidas	Sádico	Lucha libre de planetas	Denuncia por malos tratos	Rojo sangre
Nitroglicerina	Torpe	Un auténtico infierno	Traje de amianto	Color tostado
Descapotable	Sin escrúpulos	Saturno destroza a Júpiter	Gemelos de oro	Gris tiburón
Energía solar	*Hippie*	Mal viaje Saturno/Urano	No cederá su LP de *Hair*	Verde judía
Nada	Patético	¿Qué más da?	Ninguna	Invisible